▲ 저자 김기성 선생

▲ 어머니 이흥자(李興子) 여사 영정

▲ 1974년 3월의 어머니 모습

▲ 젊은 시절의 김기성

▲ 1965년 4월 1일 월요일(음력 2월 20일 결혼식 후, 뒷줄 좌로부터 정동희, 박현국, 조 씨, 조경환, 오복동, 앞줄 신부 주춘리와 신랑 김기성

▲ 앞줄 좌로부터 길병춘, 황구섭, 마종호, 뒷줄 유원재, 오복동, 황유선, 김기성(2004. 4. 10)

▲ 1988. 5. 4. KBS 공개방송 가로수를 누비며에 출연해서 송해, 고려진 선생과 함께

▲ 1993. 1. 2. 아내 주춘리와 제주도 여행 중 용두암 앞에서

▲ 1993. 1. 2. 아내 주춘리와 제주도 여행 중에 한 컷

▲ 1994. 2. 15. 아들 진태의 환일고등학교 졸업식에서

▲ 1994. 2. 15. 아들 진태의 환일고등학교 졸업식에서

▲ 1995. 10. 15. 불국사에서

▲ 서울산악회 친구들과

▲ 딸 김민연과 아내 주춘리

▲ 주순이 결혼식에서 딸 김민연

▲ 좌로부터 딸 김민연 외손자 윤준형, 사위 윤춘섭

▲ 2013. 6. 13. 외손자 윤준형

▲ 2013. 9. 19. 김명성 형님과 손자

▲ 아버지 김문필, 어머니 이흥자 내외분 산소

▲ 2011. 8. 28 김은성 형님 내외분과 김천식, 도성고개 위 아버지 산소에서

▲ 2015. 4. 12. 여의도 벚꽃길에서 친구들과 즐거운 한때를 보내며
좌로부터 이명구,이근길, 김기성, 황유선, 이근민

▲ 2015. 4. 12. 좌로부터 이명구, 김기성, 황구섭, 이근길 등 친구들

▲ 2011. 8. 6. 친구 이근길, 이근민, 소요산에서

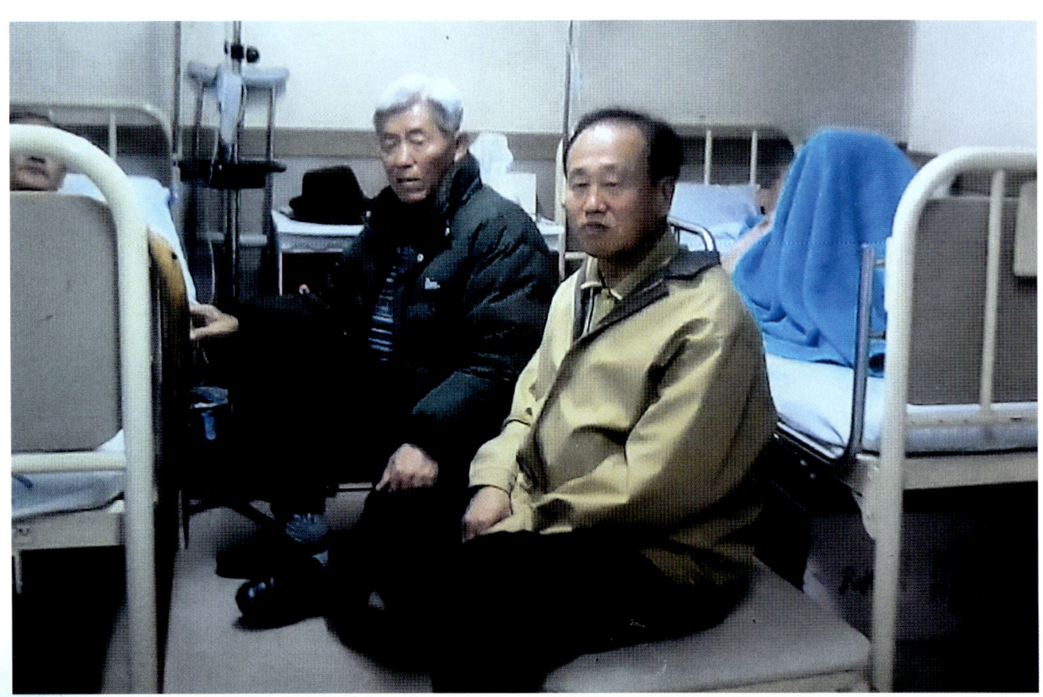

▲ 2010. 11. 12. 내 병문안을 오신 육촌 형님 김두식, 김은성 형님

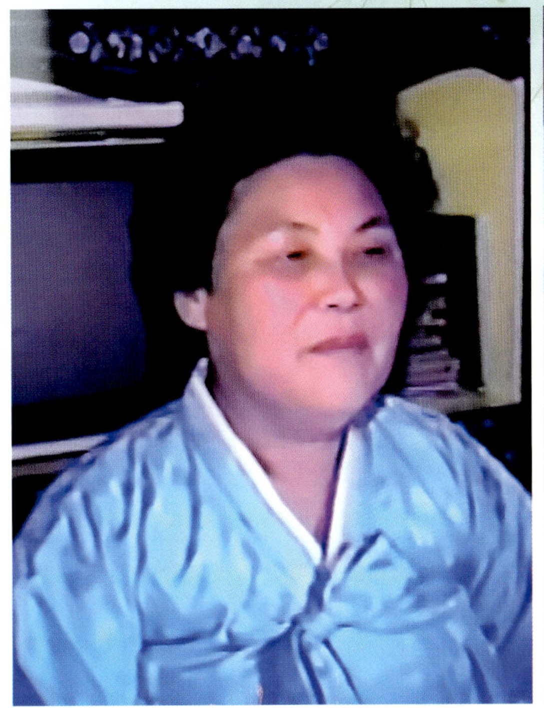

▲ 장모님 김인열 여사의 환갑잔치

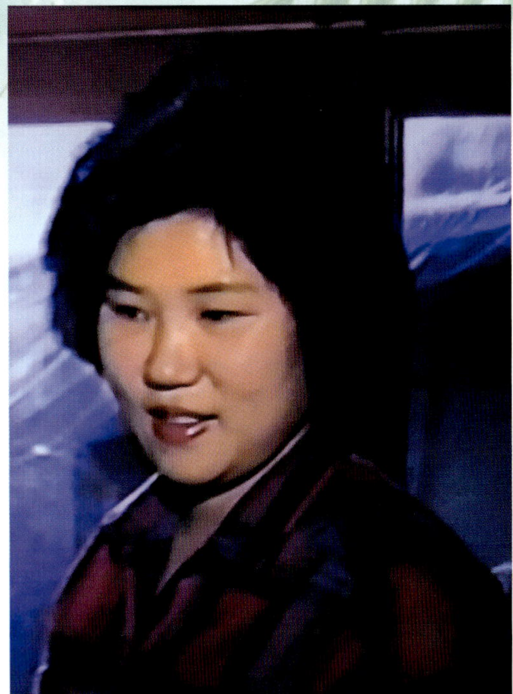

▲ 아내 주춘리

▲ 신안생회 가게 간판

▲ 맏사위 김기성, 큰딸 주춘리

▲ 둘째사위 이주홍, 둘째딸 주순이

▲ 큰처남 주병완 내외

▲ 막내사위 권병주, 막내처제 주금숙

▲ 생일축하노래를 부르는 외손자들

▲ 가운데 키 큰 아이가 아들 김진태

제 77-가-17 호

양곡매매업허가증

신청자주소 서울특별시 중 구 남창 가동 190 번지 24 호

상 호 신안상회 성명 김기성

귀하가 1977 년 9 월 22 일부로 신청한 양곡매매업에 대하여 양곡관리법 제15조의3의 규정에 의하여 아래와 같이 허가함.

1. 영업소의 소재지 서울특별시 중 구 중림 가동 410 번지 호
2. 영업소의 명칭 또는 상호 신안상회
3. 영업의 종류 양곡소매업
4. 허가조건

가. 양곡관리법 동법시행령 및 법령에 의한 농수산부장관의 명령을 준수할것.

나. 영업허가서를 교부받은 날로부터 20일 이내에 영업소재지를 관할하는 세무서장이 발행하는 영업 감찰증 사본2통을 제출할 것.

다. 상기 각호를 위반하였을 때에는 본허가를 취소하거나 영업의 정지처분을 하여도 이의를 제기하지 아니할 것.

1977 년 9 월 22 일

서 울 특 별 시 장

7005-3-101A
1973. 2. 10. 승인

190㎜×268㎜ (백상지 120g/㎡)

사 업 자 등 록 증
(면세사업자용)

등록번호 204 - 99 - 04029 2-2.

❶ 상 호 신안상회 ❷ 성 명 (대표자) 김기성

❸ 개업년월일 1978. 7. 1. ❹ 주민등록 번 호 470904

❺ 사업장소재지 (주사업장) 중구 중림동 B 509.

❻ 사업자의주소 중구 중림동 410.

❼ 사업의종류 업태 소매 종목 곡물

❽ 교부사유 갱신교부

납세조합원

❾ 검열사항						
	신청년월일	1990. 1. 30	1990. 7. 20	1991. 1. 30	1992. 1. 28	1993. 1. 27
	검열년월일	1990. 1. 30	1990. 7. 20	[illegible]	1992. 1. [illegible]	1993. 1. 27
	검 열 인					
	신청년월일					
	검열년월일					
	검 열 인					

1989년 7월 13일

동대문세무서장 인

1종보통

합격통지서

접수번호 :

응시번호 :

성　　명 :

귀하는 19 년 월 일 실시한 운전면허 시험에 합격되었으니 즉시 천연색 증명사진 (길이 3.4㎝×넓이 2.8㎝) 3매를 1종합격자는 2층 신규 접수창구에, 2종합격자는 합격통지서 교부받으신 창구에 제출하시고 사진을 준비하지 못하신분은 청내에 위치한 사진실에서 촬영하신 다음 성동구 행당동(무학여고 앞) 소재 교통안전교육회관에서 교양을 받으시고 1종. 5일후, 2종. 3일후 신규면허 발급 창구에서 교양필증, 주민등록증, 인장 지참 면허증을 교부받으시기 바랍니다.

① 면허증 교부 수수료 2,200원
② 교통안전 분담금 1종:2,160원, 2종· 3,600원
③ 청내사진 촬영할 경우 4매 1,500원

서울특별시 운전면허시험 위원장

제 호

위촉장

중구 중림동 509번지 호

김 기 성

귀하를 중구 중림동

제16통장으로 위촉합니다

1992년 4월 1일

서울특별시 중구청장

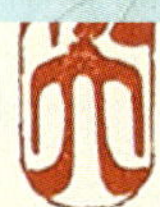

증서제 9116 호

수 료 증

과 정 서 특별시 통반장 교육

성 명 김 기 성

위 사람은 본 새마을 교육원 제 44 기 교육과정을 수료 하였으므로 이에 증서를 드립니다.

1992 년 5 월 21 일

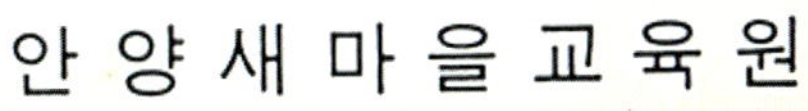

안 양 새 마 을 교 육 원

원장 장 석 화

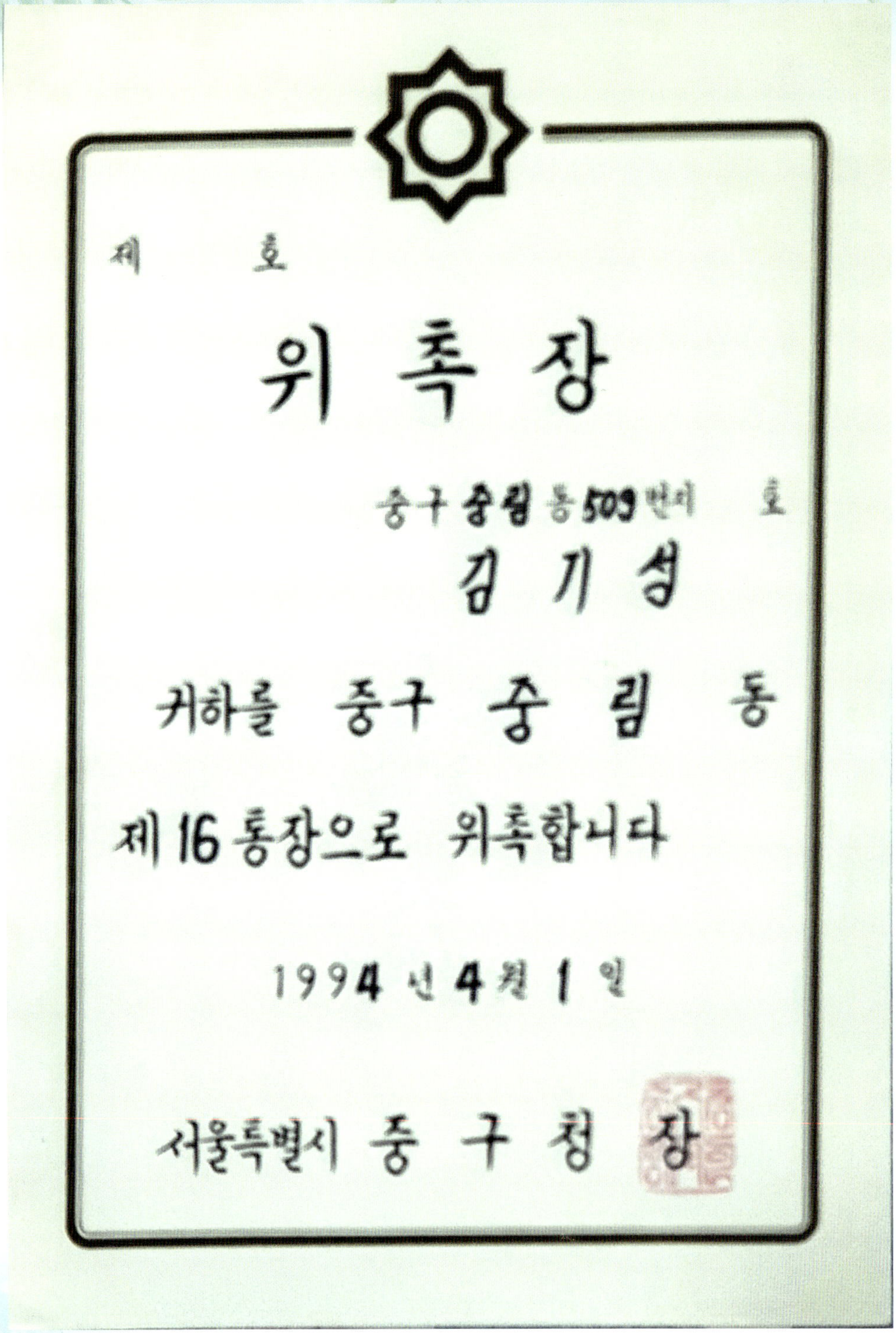

제 호

위 촉 장

중구 중림동 503번지 호

김 기 성

귀하를 중구 중 림 동

제16통장으로 위촉합니다

1994년 4월 1일

서울특별시 중 구 청 장

제 945 호

위 촉 장

성 명: 김기성

귀하를 중림 동 쓰레기수수료종량제 지역주민자율감시반원으로 위촉합니다.

[16]

1994년 12월 9일

서울특별시 중구청장 김 동 일

제 120 호

위 촉 장

중구 중림동 492 번지 호

김 기 성

귀하를 중구 중 림 동

제 15 통장으로 위촉합니다.

1997 년 9 월 11 일

서울특별시 중 구 청 장

제 445 호

표 창 장

중구 중림동 492

김 기 성

귀하께서는 평소 지역주민의 편익과 화합을 위하여 헌신 봉사하여 왔을 뿐 아니라 특히 통장으로 재임하시는 동안 일선 동행정 및 구정발전에 기여한 공이 크므로 이에 표창합니다

1999년 5 월 25 일

서울특별시 중구청장 김 동 일

제2008-01-18214호

수 료 증

주　　　소 : 서울 중구 중림동
성　　　명 : 김기성
주민등록번호 : 470904 - 1******
교 육 이 수 일 : 2008년 06월 16일

위 사람은 식품위생법 제27조 및 동법시행규칙 제37조의2 제1항 규정에 의한 신규영업자 교육과정 위생교육을 이수하였으므로 이 증서를 드립니다.

2008년 06월 16일

한국음식업중앙회중앙교육원장

金基星
自敍傳

김기성 지음

책을 펴내며

벌써 제가 77세가 됐다니 세월이 참 빠르군요. 6.25동란을 만나 아버지 어머니와 할머니, 누님들 형님들이랑 강원도 철원군 근남면 잠곡리 샘말에서 맨발로 걸어 나와 미군차를 타고 서파에 내린 것이 엊그제 같은데요.

1952년 봄 서파에서 현리 지나 명진산 줄기 괴목고개로 해서 임산을 지나 논남동으로 해서 도성고개로 자리 잡고 산 것도 엊그제 같고요. 그때 도성고개를 물어물어 지렁골이란 깊은 산골을 찾아갔지요. 도성고개 지렁골에 살면서도 무진 애를 썼지요. 칡뿌리 캐다 먹고 소나무껍질 벗겨 홋잎나물, 짚신나물, 원추리나물 등을 뜯어먹으며 죽지 못해 살았지요.

그렇게 제2의 고향 도성고개 지렁골에서 살다 1965년 11월에 서울로 나갔네요.

1946년생 김기성, 나란 사람은 초등학교도 안 다녔으나 한글을 깨치긴 했어도 받침을 제대로 쓸 줄 몰라 소리 나는 대로 쓰고, 숫자는 혼자 독학으로 배웠지만 무학의 학력이네요. 게다가 다섯 살 때 포탄이 터져 다친 오른손으로 누가 써줄까 걱정을 많이 했네요.

그래도 아주 까막눈은 아니라 남대문시장 쌀가게에 취직을 해서 10년 쌀 배달을 하고 결국, 내 쌀가게를 서울 중림동에 차려 20년 동안 해오면서 집도 사보고 돈도 좀 벌어봤네요.

그런데 내 나이가 벌써 77살 희수라네요. 피란과 화전민 살이 20년, 남의집살이 10년, 중림동 쌀장사 20년, 중림동살이 23년, 그리고 고향으로 돌아온 지 몇 년……. 77년의 세월에 훌쩍 지나갔어요. 저는 지금도 15살의 마음인데요. 그래서 인생을 일장춘몽, 한 잠 자고 일어난 것 같다고 하나 봐요.

나는 그렇게 생각하며 살았어요. "내가 죽어도 세월은 간다. 비가 와도 눈이 와도 세월은 가고 더워도 추워도 세월은 간다. 전쟁이 나도 세월이 가고 평화라도 사람은 늙는다. 그러니 긍정적으로 살다 보면 편할 날이 있을 것이다." 그런 생각으로요. 나는 요즘 정말 행복합니다. 눕고 싶으면 눕고 자고 싶으면 자고, 먹고 싶으면 먹고, 어디 가고 싶으면 가고……. 내 맘대로 살 수 있으니 말이에요. 한 가지 가족과 따로 사니 허전하긴 하지만요.

서울에는 수많은 자동차가 바쁘게 오고가지요. 세월이 그렇게 오고가는 것처럼 말이에요. 요즘은 집집마다 자동차가 있지만 나중에는 집집마다 개인마다 비행기가 있을 것 같아요. 서로 부딪치지도 않고 사고 없는 비행기를 만들어 탈 것 같아요.

한강물이 흘러흘러 서해바다로 가듯 제 인생도 흘러흘러 황혼의 바다로 가고 있네요. 그렇지만 나는 후회는 없어요. 되돌아보니 정말 열심히 살아온 것 같아요. 체구도 크지 않은 제가 어떻게 그 무거운 쌀을 수백 가마니씩 메고 나르며 쌀장사를 하고 살았는지 신통하기도 하고 대견하기도 합니다.

5살에 포탄 터질 때 죽을 운명이었고, 자동차사고 났을 때 죽을 운명이었고, 연탄가스 마셨을 때 죽을 운명이었는데 나는 몇 번이나 다시 살아나 77살을 맞이했으니 하늘이 도우신 거죠. 죽을 고비를 몇 번씩 넘어오면서도 건강하게 살 수 있었던 삶, 이는 하늘이 돕고 조상이 돌보시고 어머니가 바라신 바지요.

제가 뭘 배운 게 있다고, 뭘 자랑할 게 있다고 자서전을 내겠어요. 그런데 생각해보니 잘난 사람들만 자서전 낼 건 아니라고 생각했어요. 나처럼 고생고생한 사람도 자서전을 내서 그때 우리 같은 서민들이 얼마나 어렵게 살았는지를 들려주는 것도 자식들이나 후세 사람들한테 본보기가 되지 않을까요? 저는 쌀 한 톨이 아까운데, 밥을 며칠 씩 굶어가며 살았던 생각을 하면 요즘 사람들 음식 귀한 줄 모르는 게 가슴이 미어져요. 한편으로는 우리나라가 선진국이 되었다니 실감이 나지를 않고요.

부족하고 하잘 것 없는 글이지만 한 번 읽어주세요. 같이 눈물도 흘려주시고 "김기성, 당신 정말 열심히 사셨군요. 박수쳐 드립니다."라는 격려도 해주세요.

끝으로 나를 낳아주시고 길러주신 아버지와 어머니, 형제자매, 그리고 아내와 아이들한테 이 책을 바칩니다. 이 책을 만들 수 있게 소개해주신 윤규조 선생님과 형편없는 글을 아름답게 꾸며주시고 책을 만들어주신 김순진 문학공원 대표님께도 감사드립니다.

2022년 봄

저자 김 기 성

〈서문〉

한편의 드라마 같은 삶

김 순 진(문학평론가 · 고려대 평생교육원 교수)

세상에 이런 인생이 또 있을까 싶다. 이렇게도 기구한 인생이 있을까 싶다. 나는 그동안 '기구하다'는 말을 너무나도 많이 듣고 느끼며 살았다. 일찍 어머니를 여의고 배고픔으로 청소년 시절을 보낸 내 인생도 기구하다고 생각했었다. 그런데 김기성 선생의 인생에 비하면 내 인생은 아무것도 아니었음을 처음으로 실감한다.

이건 말이 인간이지 밥동냥을 다니고 배가 고파서 풀뿌리로 연명했다고 해서 나는 아버지세대의 이야기가 그저 자랑삼아 하는 이야기거니 했다. 우리 부모님도 배가 고프셔서 풀뿌리 나무 껍질로 연명하시며 사셨다는 이야기를 자주 들었고, 엄마는 결국 가난을 이겨내지 못하고 돌아가시고 말았다.

그런데 김기성 선생의 삶은 나보다 연세가 15년 정도 차이가 나는 77세의 연세이지만, 그 삶의 고통은 훨씬 더했다. 모두 6.25전쟁이 그에게 준 고통이었다. 전쟁만 없었더라면 토끼처럼 양처럼 순하게 농사지으며 철원군 근남면 잠곡리 샘말에 살고 계셨을 것이다. 그런데 전쟁으로 인해 집을 미군이 폭격하고 지긋지긋한 김일성 치하의 공산주의를 택하느니 민주주의를 택해 월남한 것이 그의 인생을 송두리째 소용돌이 속으로 몰아넣은 것이다.

우선 화전민으로 억새풀로 엮은 비가 줄줄 새는 풀집을 지으며 살 때니 무슨 학교를 보낼 여력이 있었겠는가? 금강산도 식후경이라 했거늘, 굶어죽는 마당에 공부가 가당키나 했겠는가? 입에 풀칠하는 것이 목적이었고 살아남는 것이 우선이었으리라.

그렇게 소년시절과 청년시절을 산속에서 화전민으로 보내고 그는 상경을 한다. 상경해서 그가 할 수 있는 일이란, 힘을 쓰는 일뿐이었을 것 같다. 170cm가 채 안 되는 왜소한 키와 60k g이 안 되는 몸무게로 80kg의 쌀가마니를 혼자 어깨에 메고 12층 계단을 몇 번씩 올라가 쌀을 배달해주었다는 글을 읽었을 때 나는 그의 몸에 하느님이 임하셨다는 생각이 들었다. 복사트럭으로 쌀 100가마니를 싣고 왔을 때, 남대문시장에 큰 차가 들어올 수 없어서 혼자 다 어깨로 져 날라다 가게에다 15개씩 쌓았다는 말을 듣고 어안이 벙벙했다.

그의 인생은 시련 그 자체였지만, 그는 인생을 살면서 후회는 없었다고 말한다. 후회 없는 인생을 산다는 것이 얼마나 힘든 일인가? 석학들도 후회하고 부자들도 후회한다. 그러나 김기성 선생은 주어진 환경에 긍정적으로 접근하여 최선을 다해 살아왔다. 그런 그의 긍정적이고 진실된 마음이 이웃을 감동시키고 원만하게 돈을 벌고 살 수 있는 환경이 되었던 것 같다.

그는 세 번 죽을 뻔했다. 한 번은 아버지가 미군이 흘린 폭발물 두 개를 주워와 형제들이랑 빙 둘러 앉아서 화롯가에서 분해하려 했을 때, 5세의 어린 그가 하나를 빼앗아 가지고 나오는 과정에서 '꽝'하고 터져서 온 식구를 살리고 본인은 오른손 엄지손가락과 집게손가락 두 개가 날아가고 말았던 일이다.

또 하나는 김기성 선생이 65세 때 2010년 11월 7일 오후 5

시 55분, 을지로 입구 지나 세운상가 쪽 700m 지점에서 교통사고로 1톤 트럭에 종잇장처럼 부서지고 그 안에서 꺼내졌을 때 그는 두 번째 죽었던 사람이다. 그런데도 그는 하늘이 도와 목숨을 건졌다.

그리고 그는 세 번째 목숨을 건지게 되는데, 새로 마련한 가게에서 연탄가스를 맡고 죽을 뻔 했을 때다. 신촌세브란스병원에서 산소호흡기가 없다며 서대문의 적십자병원으로 가라 했을 때, 1분만 늦게 도착했더라면 산소호흡기가 없어서 그는 죽었을지도 모른다. 왜냐하면 김기성 선생보다 1분 늦게 도착한 사람이 머뭇거리다가 숨이 졌다고 하니 말이다.

이 책은 그냥 자서전이 아니라 가장 비극적이나 가장 희극적인 결말의 해피엔딩 스토리다. 그렇게 죽을 고비를 몇 번씩 넘기며, 갖은 고생을 다 하고 살아온 김기성 선생의 자서전이 드디어 독자를 찾아가게 되었다. 감개무량하다. 포기하지 않고 절망하지 않으며 열심히 살아주신 김기성 선생께 우레와 같은 박수를 보낸다.

차례

1부. 시련의 서막

2부. 광풍을 견뎌내다

차례

3부. 폐허 위에 꽃을 피우다

1부
시련의 서막

출생 배경

나는 1946년 9월 4일(양력 9월 28일) 강원도 철원군 근남면 잠곡리 132번지에서 아버지 김문필(金文弼) 선생과 어머니 이흥자(李興子) 여사의 5남 6녀 중 막내아들로 태어났다.

나는 엄마의 젖이 안 나와서 젖을 먹지 못하고 자랐다. 그래서 밥이 끓을 때 밥물을 떠서 그 미음(밥물)으로 연명하고 자랐다.

어머니의 남동생, 즉 큰외삼촌의 이름은 이흥용 씨다. 우리가 샘말 위, 도독동 위 방화동에 살고 있을 때 이흥용 큰외삼촌은 재래종 토종벌을 많이 길렀다. 그래서 가끔 큰외삼촌이 꿀을 가지고 와서 "누님, 젖도 안 나오는데 이거라도 타서 기성이를 먹

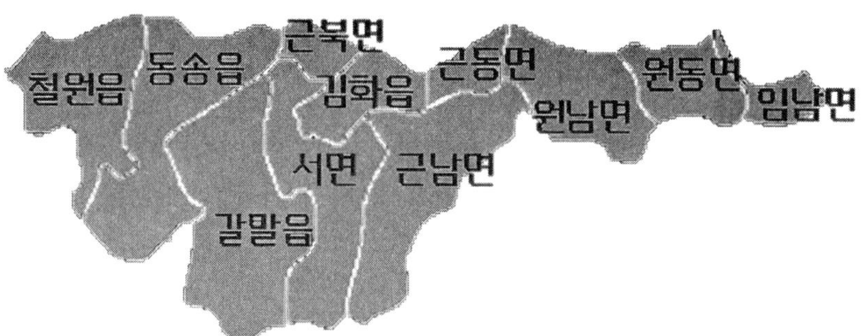

이세요."라고 해서 나는 꿀물을 먹으며 자랐다. 그러다 어느덧 두 살이 돼 그때부터 밥을 먹기 시작했다. 내가 얼마나 밥을 잘 먹든지 동네 사람들은 "하, 고놈, 쪼끄만 놈이 밥도 잘 먹네."라고 했다는 말을 어머니께서 여러 번 들려주셨다.

당시 내가 태어난 곳은 북한의 김일성 공산치하였다. 1946년도에 태어났으니까 갓난아기 때 생각이야 나지 않지만, 내가 네다섯 살 때는 생생히 기억된다. 당시 김일성 공산정권은 전쟁을 일으킬 심산 때문에 그랬는지 날마다 회의를 한다며 공회당1)에 사람들을 불러 모아 회의를 했다. 당시 그 누나를 비롯해 형,

1) 지금의 마을회관

어머니, 아버지, 할머니, 할아버지 등 어린아이들을 뺀 거의 모든 사람들이 회의에 동원되었던 것을 생생히 기억한다. 한 집에 한 사람만 부르는 것이 아니라 말을 알아먹을만한 사람은 모두 동원되었으며, 일주일에 한 번 회의를 하는 것이 아니라 매일 회의를 했던 것이다. 나랑 같이 잤던 누나가 올 때까지 기다리곤 했다. 당시 우리가 살던 샘말은 30여 호 정도였고 도덕골[2]은 50여 호 정도였으므로 도덕골 공회당으로 갔다가 오면 밤 9시가 훌쩍 넘었다.

나의 본은 김해김씨(金海金氏)인데, 내가 태어나고 5년 후 6.25동란이 터져 집이 불타 족보를 가지고 나오지 못했다. 나의 증조할아버지는 매우 부자셨는데 놀음을 좋아하셔서 투전으로 땅을 다 날리고 말았다고 한다. 할아버지 함자는 김춘경(金春京), 할머니는 孫씨이시다.

우리 집은 부유하지는 않았지만 논 서너 마지기에 밭 500평 정도의 소농이었나 보다.

반면에 외가의 증조할아버지는 남대문이 고향으로 조선시대 말 서울에서 저명한 관리를 지냈다고 한다. 기와집도 거대했고,

---

2) 도덕골인지 도덕동인지 정확히 기억나지 않음.

하인들도 많았다고 한다. 그런데 그만 벼슬을 잘못하시어 조정에 미운털이 박혀 삭탈관직을 당하였는데, 노비들에게 부끄럽다고 하면서 1912년 가족이 모두 쌀과 소금 등을 등짐으로 지고, 주막에서 잠을 청하며 산으로 산으로 흘러들어 정착한 곳이 강원도 철원군 근남면 잠곡리 방화동 위 용탕골로 어머니 이흥자가 7살이고 외삼촌 이흥용이 5살 때 정착을 하셨던 것이다. 서울에서 벼슬을 하시고 생전 농사라든지 숯을 구워보지 않은 외증조할아버지의 삶은 실로 굶기를 밥 먹듯 궁핍하였다.

외할아버지는 이명기(李明起, 외할머니는 尹씨) 선생으로 외증조할아버지가 돌아가시자 우리 증조할아버지께서 외증조할아버지의 염습(斂襲)3)을 해주시는 한편 호상(護喪)4)을 맡아 모든 장례를 관장해주셨다.

이에 외할아버지 이명기 선생은 평소에 우리 김씨 가문에 은공을 입었던 바, 당시 9살이었던 어머니에게 "너는 그 집으로 시집가서 올 생각도 말고 거기서 죽어라."라며 가난한 살림에 입도 덜 겸 민며느리로 시집을 보냈던 것이다.

---

3) 시신을 씻긴 뒤 수의를 갈아입히고 염포로 묶는 일.
4) 초상 치르는 데에 관한 온갖 일을 책임지고 맡아 보살피는 사람.

엄마의 부친, 즉 외할아버지는 가족이 많았다.

어린 엄마의 인생은 그때부터 고난의 길로 접어들었다. 할머니 손씨는 어린 엄마가 시집을 오자 밥도 잘 안 주며, 매우 고된 시집살이를 시켰다. 한번은 옥수수를 따다 삶았는데 어린 엄마가 하도 배가 고파서 부엌에서 솥뚜껑을 열고 옥수수를 꺼내려는데 시어머니 손씨가 보고 '못된 것이 시어미 몰래 옥수수를 꺼내 먹는다.'고 야단을 쳤다. 그러자 어린 엄마는 옥수수를 앞치마에 감추었다가 돼지를 보는 척 돼지에게 주었다고 한다.

훗날 할머니 손씨에 고된 시집살이를 봐온 아버지는 할머니 손씨를 푸대접했는데, 손씨 할머니는 "더러워서 못살겠다. 나가 죽는다"며 여러 번 집을 나갔다. 그러나 몇 번은 수소문해서 찾아왔지만, 나중에는 나간 할머니를 찾지 못하여 지금까지 생사를 모른다.

큰형님이 군대에 가다

1950년 4월 말쯤 큰형님인 김두성(金斗星, 25세) 형님이 군대에 간다고 한다.

나는 당시 5살이었다. 아침에 형님이 밖에서 세수를 하시고 방으로 들어오셔서 수건으로 얼굴을 닦으시며 나를 보고 한 마디 하셨다.

"이놈, 배가 뽈록하구나. 뽈 떼어내야 되겠다."

그렇게 말씀하시는 형님을 쳐다보니까 천장에 닿을 것처럼 키가 커 보였다. 지금도 형님이 내게 하시던 말씀이 귀에 쟁쟁하다.

그런데 어느덧 72년이란 세월이 흘렀다.

그날 딱 한 번 보고 다시는 못 본 큰형님의 얼굴이다.

21, 22살에 일본 보국대에 끌려가서 1년이 넘게 일본 탄광에서 고생을 하다 돌아와 집에서 잘 살고 있었던 형님, 형님은 그렇게 집에 돌아와 3년 살다가 6.25전쟁이 터져 25살에 다시 못 올 북한 괴뢰군 군대에 입대를 하고 말았던 것이다.

어머니 말씀이 일본에 징용으로 끌려가 일할 때 사진 찍은 것을 편지마다 보내주곤 했는데, '우라질 미국 놈들이 폭격을 해서 우리 집이 모두 불에 타 사진 한 장 없이 살게 되었다.'고 한을 하시다가 102세에 눈을 감으셨다.

형제들 이야기

앞서 말한 바와 같이 나는 5남 6녀 중에 막내로 태어났다. 우선 11남매를 낳고 기르신 어머니께 감사와 위로의 박수를 보낸다.

할머니와 어머니는 거의 비슷하게 아이를 낳았는데, 할머니는 삼촌(金龍弼)을 1925년에 낳고, 어머니는 큰형 두성(斗星)을 1926년 2월 23일에 낳아 같이 아이를 길렀다. 삼촌과 큰형은 같이 자랐고 같이 군대를 갔다. 6.25동란 직전인 1950년 5월 10일 경에 삼촌과 큰형은 동시에 괴뢰군에 입대하여 지금까지 생사를 모른다. 당시 우리가 살던 근남면 잠곡리는 공산치하였으므로 인민군에 입대한다는 것은 당연한 일이었다. 어머니가 김

화읍에 가서 삼촌과 큰형에게 점심으로 국수를 한 그릇씩 사주며 "잘 다녀오라."고 말한 것이 마지막이었다.

그런데 하루는 삼촌이 집으로 왔다. 큰형의 소식을 물었으나 '두성이는 입대하자마자 서로 다른 데로 배치되어 알 수가 없다.'고 한다. 집으로 돌아온 삼촌을 근처 산속 방공호에 숨겨놓고 암전 누나가 밥이나 죽을 날라다 먹이는 것을 따라가서 본 생각이 난다. 그러던 중 삼촌은 15~20일 정도 정도의 반공호 도피생활이 답답하여 바람 쐬러 밖으로 나왔을 때 인민군에게 발각되어 '여기 어찌 왔느냐?' 묻는 말에 '심부름을 왔다.'고 말해 도로 끌려갔고, 지금껏 삼촌도 큰형도 생사를 모른다.

두성 형님은 20살 때 일본 보국대에 끌려가서 탄광에서 일을 했다고 어머니께서 말씀하셨다. 간지 1년이 넘어서 8.15광복 후에 돌아왔다고 한다. 어머니 말씀으로 큰형 두성 형님은 1945년 음력 10월 말에 일본에서 배를 타고 부산항에 도착했다. 일본에서 깔고 자던 담요와 입던 옷가지 등을 한 짐 지고 부산에서부터 강원도 철원군 근남면 잠곡리 샘말 집까지 오는데 기찻길도 다 끊기고 버스도 없고 해서 이 집 저 집에서 얻어먹으며 무거운 짐을 지고 16일 동안 걸어왔단다. 부산서 서울이 400Km이고 서울서 철원군 근남면 잠곡리가 또 160Km 정도 되니 형님은 거의 1400리를 걸어서 오신 것이다.

큰형님이신 두성이 형은 그렇게 일본에 가서 고생을 하고 집에 와서 불과 3,4년 살다가 전쟁이 나서 북한군으로 작은아버지 용필(26세) 씨와 함께 군대에 나가 생사를 모른다. 어머니는 돌아가시기 전 몇 년을 두고 두성이형을 찾다가 102세를 일기로 돌아가셨다.

시집 간 큰누나 옥녀 누나는 1928년 생으로 1946년 강원도 김화군 신수리 동리에로 19세의 나이로 시집을 갔다.

둘째누나는 1930년생으로 철원군 김화읍 와수리 위 육단리

밑에 사곡마을로 시집가서 살았다. 어머니는 6.25가 나기 전에 며느리와 사위를 보았다. 6.25전쟁이 나기 두 달 전에 나는 엄마랑 같이 누나네 집에 다니러 갔다. 아마도 4월 5일 무렵이었던 것 같다. 호밀을 맷돌에 갈아서 뜨덕국[5]을 끓여주었는데 어찌나 맛이 있었는지 나는 어머니한테 두고두고 그 말을 했다. 그럴 때면 어머니는 "나는 아무 생각도 안 나는데 그 생각이 나냐?"라고 하셨다. 사돈 댁 밖으로 하얀 사과꽃인지 배나무꽃인지 하얗게 핀 걸 보았는데, 정말 화사하고 멋이 있었다. 지금도 생생히 기억이 난다.

누나는 6.25전쟁이 터진데다가 장질부사[6]에 걸려 애를 낳다가 아이도 죽고 누나도 죽었다. 아버지가 죽은 누나와 아이를 포대기에 싸서 지게에 지고 산에 묻으러 가던 것을 본 기억이 난다. 둘째 누나의 매형은 공산정권이 노동당에 가입하라고 했는데 가입하지 않았더니 같은 동네서 같이 자라 같이 꼴 베고 소 먹이던 친구 놈들이 개울가로 달아나는 매형을 '노동당에 안 들었다며 총으로 쏘아 죽였다.'고 운성이 형이 증언해주었다.

---

5) 수제비의 강원도 사투리
6) 장티푸스

세 번째 암전(巖全) 누나는 1932년 3월 13일생으로 김세웅(金世雄)이란 매형한테 시집을 갔는데, 본적이 평안도 평양으로 동대문구 용두동 4번지에 살았다. 암전이 누나는 어렸을 때 얌전하고 착해서 이름을 얌전이라 지으려고 했다. 그런데 면사무소에 가서 호적에 올리려고 했지만 얌전이란 한자가 나오지 않았나보다. 그래서 면사무소 호적담당이 암전으로 올려 세 번째 누나 이름이 암전이 되었던 것이다.

넷째누나는 1934년 생으로 어려서 사망했다

다섯째 누나도 1936년생으로 어려서 죽었다.

둘째형은 경기도 포천시 일동면 사직3리에서 살고 있는 명성(明星, 1938년 2월 18일생으로, 형수 安玉姬)으로 군대에서 36개월 근무 후 1964년에 제대하여 지금껏 농사를 짓고 있다. 슬하에 딸 일곱에 아들 하나를 길렀다. 형수님은 동기간에 잘하고 싹싹하기로 소문이 난 사람인데, 뇌출혈로 사망했다. 형수님이 50세에 돌아가시던 날은 구정 사흘 전이었다. 부지런하셔서 숙주나물 콩나물을 벌써 길러놓으시고, 소여물을 끓이는 솥을 깨끗이 가시고 두부를 하려던 참이었는데 구토를 하였고 핏줄이 터져 돌아가시게 된 것이다. 형수님을 생각하면 참으로 안타깝고 고마운 생각이 든다.

셋째 형은 운성(雲星, 1940년 3월 21일생)으로 나보다 6살이 위시다. 일동면 사직리(사당말)에 살다가 2005년 5월 9일에 65세를 일기로 작고했다.

여섯 번째 누이는 1942년생인데 어려서 사망했다.

넷째 형은 은성(銀星, 1944년 4월 16일생)이다. 나보다 두 살 위시다.

그리고 나 김기성(1946년 9월 4일 생)은 11남매, 5남 6녀 중 막내로 태어났다.

김옥녀 누나 이야기

나의 큰누나는 1928년 생 용띠였다. 어머니 말씀으로 누나가 10살 먹던 해 우리는 항상 먹을 게 없었다.

그런데 '동네 사람 누가 애 봐줄 사람을 구한다.'고 했다.

엄마와 아버지가 그 말을 듣고 집에 와 고민 끝에 누나를 보내기로 했다.

그래서 누나는 철원 시내 잘 사는 부잣집으로 애를 봐주러 갔다.

그런데 누나가 그 집에 가서 애를 잘 봐주고, 청소도 잘 하고 하니까 주인아주머니가 하시는 말, "조그만 아이가 어떻게 그렇게 일을 잘하느냐?"고 칭찬을 하더란다.

어느 덧 6,7년이 넘어서 주인아주머니 하시는 말씀이 "우리가 시집을 보내겠다."고 하더란다.

그래서 아버지가 집으로 데려왔다가 시집을 보내려고 하니, 그 집에서 딸 같이 생각하고 딸 삼아서 누나를 안 주고 나중에 좋은 자리 찾아서 시집을 보내주마 했단다.

결국 아버지가 데려다가 철원 김화의 신수리 동네로 시집을 보냈다.

세월이 흘러서 누나 나이 20살인 1947년에 첫 아이를 출산했다. 그 아이 이름은 이기현이었다. 나보다 한 살이 작았다.

큰누나는 그렇게 잘 살고 있었는데 6.25동란이 나서 북한 괴뢰도당들이 매형을 총으로 쏴 사망케 했다. 결국 매형은 돌아가셨지만 시아버지 시어머니가 누나를 보고 그렇게 잘한다고 엄마한테 칭찬이 자자했다.

누나를 보고 시아버지 시어머니 말씀이 난리가 났으니 "집에 가서 있다가 난리가 끝나면 오려무나."라고 하셨다.

그래서 누나는 아들 이기현을 데리고 샘말 집으로 돌아왔는데, 우리 식구들은 누나와 기현이와 함께 피란을 나왔다.

손가락을 다치다

6.25한국전쟁이 터지고, 우리는 식구가 많아서 피란을 가지 못했다. 아버지 말씀으로는 이 많은 식구가 피란을 가려면 가다가 굶어죽을 수도 있고, 식구가 뿔뿔이 흩어질 수도 있다는 논리였다.

1950년 12월 경에 우리 집에 중공군 3~40여 명이 들이닥쳤다. 마당에도 마루에도 온통 중공군이었다. 중공군은 우리 집 마루 위에다 불을 놓았다. 어린 나는 "야 이 개새끼들아. 마루에 불을 놓으면 마루가 불타잖아."라며 욕을 퍼부었다. 그런데 중공군들은 내 말을 알아듣지 못하고 밖은 춥고 밖에다 불을 놓으면 비행기가 폭격한다며 하늘을 가리키며 '비행기 비행기'라

▲ 남침해온 북한군의 주력 T-34 전차

고 했다.

그 많은 중공군 중에 총을 가진 사람은 두세 명뿐이었고, 모두들 긴 막대기를 끌고 다녔다. 우리 가마솥에다 밥을 해서 퍼먹을 데가 없으니 요강을 씻어 밥을 먹는 놈도 있었다.

다음날 중공군이 말을 끌고 와서 말에 실렸던 마대를 내려놓았다. 나와 운성이 형은 손가락으로 구멍을 내 콩을 꺼내 먹으니 중국 놈이 "쏘타 마나가비"라고 했다. 지금 생각하면 우리말로 "개새끼" 같은 욕이었나 보다.

다섯 살 때인 1951년 4월 초, 철원군 근남면에다 나의 출생신고를 하려고 가니, 면직원은 사진을 찍어오라고 했다. 사진을 찍으려면 30여 리나 떨어진 김화읍까지 가야 사진을 찍을 수 있었다. 나와 함께 동갑짜리 김금순이란 여자아이도 출생신고를 해야 했다.

그래서 우리 엄마랑 나, 금순 엄마랑 금순이가 넷이서 김화읍에 가게 되었다. 다섯 살짜리 나와 금순이를 업히고 걸리고 해서 막 김화와 연결된 다리를 건널 때의 일이다.

인민군이 운전하는 트럭이 곧장 진행해 그만 금순이를 지나갔는데, 금순이가 트럭 아래서 까무러친 것을 내 눈으로 똑똑히 보았다.

금순 엄마도 '애 죽였다.'고 큰 낙심을 하고 우리 엄마도 걱정이 태산인데, 어린 나는 너무나 무서웠다.

나는 집으로 돌아가자고 울며불며 악을 썼다. 그래서 김화읍에서 찍어야 할 사진을 찍지 못했고, 나중에 집으로 그냥 왔느냐고 물으니 어머니는 니가 하도 울어서 바로 다리를 건너가지 않고 돌아 돌아서 금순이를 싣고 그 차가 간 병원에 가보니 금순이는 하나도 다치지 않고 살아서 돌아갔다고 했다. 지금 어디

사는지, 죽었는지 살았는지 궁금하다.

그 며칠 후 1951년 3,4월 쯤 아버지께서 미군이 다니다 흘린 위에는 노랗고 아래는 국방색인데다 안전핀이 달린 폭발물 두 개를 주워오셨다. 우리 식구들은 그 물건을 처음 보았기 때문에 그것이 폭발물인 줄 몰랐다.

우리 집 마당 한쪽에는 철사나 못 등을 펴는 돌이 있었다. 아버지는 화로 위에서 폭발물 꼭지를 거꾸로 들고 두들겼고 우리 형제들은 빙 둘러 앉아서 그걸 바라보고 있었다.

화로를 가운데에 두고 나는 시계방향으로 아버지 옆에 앉아 있었고 내 옆에는 넷째 은성이형, 그 옆에는 셋째 운성이 형, 그 옆에는 둘째 명성이 형이 앉아있었다.

아버지는 수류탄을 거꾸로 쥐고 화로 위에서 두들기니 화로에서는 화약이 타며 부지직부지직 했다. 부엌에 있던 엄마가 한 말씀하셨다.

"아, 모르는 거면 버려요. 큰일 나요."

폭발물 꼭지 하나는 아버지가 들고, 폭발물 꼭지 하나는 은성이 형이 들었다.

나는 은성이 형이 든 폭발물을 뺏어서 하늘로 치켜들고 밖에 못 두들기는 돌을 향해 2미터쯤 걸어갔다. 돌에서 두들겨보려는 심산이었다.

순간 내가 쥔 폭발물에서 "꽝!"하는 폭발음이 들렸고, 순간 아버지는 손에 쥐고 있던 폭발물을 밖으로 내던졌다.

아버지가 던진 폭발물이 날아가던 도중 공중에서 또 "꽝!"하고 터졌다.

나는 피범벅이 되어 정신을 잃었다. 엄마는 "애 죽었다. 애 눈 다 빠졌다."며 내 손을 걸레 헝겊으로 싸맨 후, 업고 청룡부리[7]께로 해서 갈미[8]의 작은아버지 집 근처로 내달렸다. 김화읍은 모두 미군의 폭격을 당해서 병원이 없었다.

거기에 한국군이 주둔하고 있던 것을 알고 있으셨나 보다. 피범벅이 된 나를 업고 와 사색이 된 엄마를 보고 한국 군의관들이 상처를 꿰매고 치료를 해주었다. 나는 세 시간 동안 깨어나지 못했다.

등에 업혀 작은 등성이를 넘어 돌아오는 길에 "아파, 엄마 아파."라고 울었다. 나를 보고 어머니는 "네 손 잘라졌다."라고 하

---

7) 철원군 근남년에 있는 지병 이름
8) 철원군 근남년에 있는 지병 이름

시던 말씀이 지금도 생생하다.

그날 내가 막내 형에게 폭발물을 빼앗아서 밖으로 가져가지 않았다면, 누가 크게 다쳤을 수도 있고 누가 죽었을 수도 있었다. 내 엄지와 검지, 손가락 두 개 날아가서 가족을 살릴 수 있었다니 정말 불행 중 다행으로 생각한다. 그 뒤로부터 나는 왼손으로 밥을 먹었다.

그 당시 사람들은 열병, 염병, 장질부사라고 하는 장티푸스에 많은 사람들이 죽었다. 엄마의 남동생인 작은외삼촌도 장티푸스에 걸려 돌아가셨다. 엄마도 일주일 열흘을 아무 것도 안 잡수시고 축 늘어지셨다.

그런데 1950년 12월 쯤, 북한 땅이었던 우리 마을은 날마다 미군 쌕쌔기[9]가 와서 폭격을 했다. 큰누나 김옥녀와 암전이누나는 엄마가 몸을 가누지 못하고 있었다. 장티푸스에 걸렸던 엄마도 열흘 정도 누워 있으면서 아무리 폭격을 해도 나오지 않았는데, 그날따라 낌새가 이상했든지 누나들이 집에서 끌고나와 개울 건너 알광나무[10] 밑에 앉아있었고 나와 바로 위의 은성이

9) 폭격기의 속어.

형, 그리고 아버지는 조짚가리[11] 속에 숨어 있었다.

그런데 그 틈에 미군이 우리 집을 폭격해서 숟가락 하나 찾지 못하고 모두 불에 타, 재마당이 되고 말았던 것이다.

우리 집이 불에 타고 있으며 불꽃이 시뻘겋게 타고 있는 걸 나는 조짚가리 속에서 두 눈으로 똑똑히 보았다.

누님들이 날마다 나오라고 했는데 안 나오시더니 그날따라 나오시어 엄마가 안 돌아가셨다.

---

10) 아가위나무, 산사나무라고도 함.
11) 수확한 조를 잘라낸 조짚을 쌓아놓은 낟가리.

월남하다

우리 식구는 월남을 결정했다.

삼촌과 형을 기다리자는 아버지와 공산 치하가 지긋지긋하니 남쪽으로 가자는 엄마의 의견이 대립했는데, 결국 엄마의 의견대로 우리 식구는 월남을 하기로 결정했다.

1951년 6월 쯤 북한 간부들이 북으로 갈 테면 가고, 남으로 갈 테면 가라고 강요했다.

아버지는 형도 작은아버지 김용필도 이북으로 갔는데 이북으로 가자고 하고, 어머니는 남한으로 가자고 싸우셨다.

그러다가 아버지는 어머니 말씀을 들으시기로 했다.

어머니가 "평화가 되면 만나겠지요. 지긋지긋한 김일성 치하에서는 더 이상 못 살겠어요."라고 하셔서 남으로 나오게 된 것이다.

그래서 아버지는 우리 산기슭에서 우마차에 쌀과 가재도구를 싣고 샘말에서 육단리로 와수리로 자등고개로 해서 이동을 지나고 일동을 지나 서파까지 오셨다. 우마차를 끌고 나오시는데 3일이 걸리셨다.

1951년 6월 초순, 우리 식구들은 갈메기 우리 산기슭에서 샘말을 지나 도독동을 지나 방화동을 지나 호목고개로 해서 광덕고개를 넘어 산길로 내려오는데 미군들이 불도저로 길을 닦고 있었다.

그 당시에는 막걸리 공장이 없었지만 현재 이동막걸리 공장 앞 개울 건너 길바닥에서 쉬고 있었다. 맨발로 걸어와서 발바닥이 아파서 혼났다.

길바닥에서 자야 하는데 모기가 물었다.

어린 나는 손을 다쳐서 천으로 손을 어깨에 떠메고 신발도 없이 맨발로 피난을 따라갔다. 가시에 찔리고 돌부리에 채여서 발이 너무 아팠지만 하루를 꼬박 걸어서 넘어왔다.

당시 14세로 나보다 여덟 살이 위였던 명성이 형은 장질부사

에 걸려서 일주일, 열흘을 굶은 채 이흥자 엄마가 업고 산길을 걸어 갈메기에서 샘말을 지나 도독동 마을을 지나 방화동을 지나 호목고개로 가시덤불을 지나 현재 백운계곡의 광덕고개의 산길로 내려오는데 산길로 미군들이 도자로 길을 닦고 있었다.

명성이 형은 엄마가 업고, 할머니, 운성이 형, 은성이 형, 작은아버지 심용필의 부인인 작은엄마, 작은엄마의 딸 김순덕, 김옥년 누님, 김암전 누님, 그리고 나 등 10명이 다 맨발로 내려오는데, 엄마가 명성이 형을 업고 오면서 하시는 말씀이 "빨리 죽었으면 저 덤불 속에 버리겠는데, 숨이 안 져서 못 버린다."

고 하시고, “숨이 안 진 거를 버리면 죄 받는다.”고 하시며 14살이나 된 큰 아이가 축 늘어져서 힘이 드셨다.

엄마는 살아생전에 “작은 기성이를 업고 와야 되는데 손 다친 막내를 업고 가야 하는데, 빨리 죽지 않아서 못 버렸다.”고 항상 말씀하셨다.

그 당시에 엄마는 “죽는 거 하나도 두렵지 않았다.”고 말씀하셨다.

길바닥에서 하룻밤을 자고, 다음날 오후 4시 경 미군 껌뎅이들이 지엠시 트럭을 타고 지금의 이동 막걸리공장 건너편에 오더니 타라고 해서, 그래서 우리 식구들은 모두 미군 지엠시 트럭을 타고 서파까지 나와 지금의 서파검문소에서 내려주어서 내렸다.

그런데 그때 쯤 아버지가 우마차를 끌고 와수리로 해서 신수리 자등고개로 해서 장곡리로 해서 서파까지 나오셔서 만날 수 있었다. 정말 기적적인 만남이었다. 우리 식구들은 너무나 기뻐하며 재회의 기쁨을 나누었다.

그때 어린 내가 보았는데 뽕나무에는 오디가 빨갛게 달려 있었는데 순덕이와 따먹으니 이직 덜 익어 시어서 얼굴을 찡그렸다. 다 익으면 까매지는데……. 우리는 또 길바닥에서 잤다.

그 후 우리는 뱅길리, 지금의 현리 좀 못 간 곳에서 정착을 했다. 아버지는 내촌 비석서거리에 가서 소를 팔아가지고 오셨다. 지금 현재의 내촌 시내를 그 당시에는 비석거리라 했다. 아버지는 소를 4만원에 팔아 그 돈으로 콩을 사오셨고, 우리 집은 맷돌이 없어서 7,8m 떨어진 남서방네라는 집에 가서 엄마가 매일 콩을 붉어서 갈아다 콩국을 끓여먹었다. 나는 매일 엄마를 따라갔던 기억이 있다.

우리가 사는 근처에 미군들이 주둔했다. 아침이면 미군들은 식사를 하고 난 것을 모두 땅에 묻었다. 그러면 우리는 바로 쫓아가서 당을 파고 흙에 묻힌 것을 꺼내다 먹었다.

지금처럼 냄비 같은 그릇이 없어서 짬밥, 꿀꿀이죽을 흙에서 캐서 싸리나무 소쿠리에 담아가지고 오면 국물이 줄줄 흘렀다. 그들이 묻고 간 땅을 파면 먹지 않고 묻은 캔과 과자, 칠면조, 빵, 비누 등이 나왔다.

그런데 전쟁 중이라 미군들이 철수하여 이동을 했다. 미군이 떠나가자 피란민들은 먹을 게 없었다. 면사무소에서는 보리쌀, 수수쌀 등을 배급으로 주어 먹고 살았다.

장마에 떠내려가다

1951년 7월 5일 경 장마가 졌다. 나는 비가 오기 전 아침에 큰 개울 건너 내 또래의 아이가 있는 집에 놀러갔다. 갈 때는 잘 건너갔는데 올 때는 비가 얼마나 많이 오는지 집을 올 수가 없었다.

그래서 비가 그칠 때를 기다렸다. 한두 시간 반쯤 기다리니까 비가 그쳤다. 그래서 나는 집에 오려고 했지만 개울물이 많이 늘어서 아침에 건너온 돌다리가 잘 안 보였다. 첫 번째 돌다리만 보이고 그 다음 돌다리는 물이 많이 늘어서 보이지 않은 것이었다.

그래서 나는 '돌다리가 있겠지'하고 발을 내딛었는데, 물속에

엎어지면서 소리 한 번 지르지 못하고 물이 엄청 많아서 동동 떠내려가고 있었다.

그 시간 그때 큰누나 김옥녀(1928년생, 당시 25세) 누나가 비가 그쳐서 앞마당 앞에서 개울을 바라보고 있는데 "어 기성이가 개울을 건너다 물에 빠져서 둥둥 떠내려간다!"하면서 내가 떠내려가는 것을 보았다.

그래서 누나는 허겁지겁 달려들어서 막내 동생인 나를 건지셨다. 그 누구도 보는 사람 하나 없는데, 큰누나가 1분만 안 보았더라면 나는 이 세상에 없었을 것이다.

도성고개에 정착하다

겨울을 뱅길이에서 지내고 1952년 초봄 우리 식구들은 국망봉 줄기의 적목리 논남동을 돌아 도성고개 산자락에 터를 잡았다.

그때 내 나이 7살이었다. 명지산 줄기 괴목고개를 넘어 아버지와 엄마, 할머니와 운성이 형이 따로 가고, 암전이 누나와 은성이 형, 그리고 나, 셋이 걸어서 논남동으로 해서 도성고개로 왔다. 작은아버지 김용필이 군대에 갔다가 안 돌아와서 작은엄마 임씨(작은아버지 김용필의 부인)도 같이 왔다. 작은엄마가 낳은 딸은 나랑 한동갑으로 나보다 생일이 한 달이 빨랐다. 이름이 김순덕인데 그래서 자기 보고 누나라 부르라고 했다.

가평군 강씨봉
gapyeong county
1:60,000
연곡리
이동면
민둥산
용수목
도성고개
강씨봉
830.2
적목리
논남기
소리개
포천군
일동면
가평군
북면
깊이봉
902
한나무봉
오뚜기고개
강씨봉마을
귀목봉
1036
귀목고개
명지산
1257.0
하면
청계산
코스
운암골
굴바위 산장
임산
임산폭포
537.5
1260.2

도성고개에는 아는 집도 기댈 절도 없었는데, 재관네 문간방을 하나 얻어서 살았다. 면에서 배급으로 수수쌀과 보리쌀을 소두 한 되씩 주었다.

18리터짜리 깡통을 주워와 담아놓고 잠을 자는데 빨치산, 괴뢰군들이 플래시 불을 비추면서 빼앗아갔다. 방에 군화 신은 발로 들어와서 총을 철커덕철커덕하며 우리를 위협해, 우리는 자는 척 꼼짝도 못하고 배급을 빼앗겨야 했다. 그들은 식량뿐만 아니라 뱅길리에서 주워온 미군 양키비누도 가져가고 오로지 먹을 것은 모두 빼앗아갔다.

그 후 아버지는 배급을 타오면 방에 두지 않았다. 밖에 멀리 숨겨두셨다. 괴뢰군 잔당들이 배가 고파서 총을 들고 나와 보이는 대로 빼앗아가는 건 당연지사였다.

우리는 조금씩 주는 배급으로 너무 배가 고파서 도성고개를 넘어 일동면 조치미, 지금의 사직리로 내려오다 오디를 따먹었다. 낮이면 먹을 게 없어서 오디를 따러 갔다가 은성이형은 배가 고파서 훈도(1935년생 정도 됨)네가 심은 지 며칠 안 된 쪼개 심은 감자 씨마저 몰래 캐다 구워먹었다.

지렁골이라고 중공군과 인민군이 다니는 길목에 엄마가 산불을 놓고 화전을 일구어 배추를 심었다. 하루는 형과 나는 배추를 뽑아서 칡으로 엮어서 막대기에 걸어 앞뒤로 메고 둘이 걸어왔다. 그런데 그 배추를 삶아 물에 씻다가 개울에서 형과 내가 다 먹고 말았다. 얼마나 배가 고팠으면 그랬을지 지금 사람들은 상상이 가지 않을 것이다.

나는 하도 배가 고파봐서, 배가 고픈 게 싫어서 1975년 11월 27일 서울로 나와서 1990년까지 25년 동안 중림동 410번지, 509번지에서 쌀장사를 했다.

남들은 나를 보고 '빠시다.'고 했다. 빠셔도 보통 빠신 게 아니라고 했다. 배가 고파서 악착같이 살았던 것이다.

처음에는 쌀가게에 취직을 하려고 했더니 주인이 자전거를 탈 줄 아느냐고 물었다. 그래서 자전거를 탈 줄 모른다고 했다. 박재홍이란 친구가 일동 시장의 자전자포에 취직을 해서 빵꾸를 때우고 있었는데, 서울에서 돌아와서 돈을 주고 이틀 동안 자전거를 빌려다가 배워서 취직을 했고, 결국 내가 쌀장사를 직접 시작했던 것이다.

쌀장사 이야기는 나중에 또 이야기하기로 한다.

동냥을 다니다

1952년 봄은 전쟁 중인 데다가 춘궁기라 더욱 먹을 게 없었다. 엄마와 은성이형(44년생), 그리고 나, 그렇게 셋이서 깡통을 주워서 양쪽에 구멍을 뚫어 철사로 매서 논남, 거린내, 명아동, 관청리, 잣둔지(백둔지) 등으로 돌아다니며 밥동냥을 다녔다.

음력 3월쯤의 어느 날, 하루는 남의 집 헛간에서 잠을 자고 일어났는데 형이 엄마가 안 온다며 계속 울었다. 엄마는 밥이 얻어지지 않아서 멀리 간 걸 모르고, 엄마가 도망간 줄 알고 울었던 것이다.

그런데 우리가 헛간을 빌려서 잤던 그 집의 아버지와 아들이 겸상으로 밥을 먹고 있을 때였다. 서른 살 쯤 돼 보이는 그 집

아들이 나를 번쩍 안아다가 자기가 밥 먹던 자리에 나를 앉혔다. 그리고 자기가 먹던 밥을 나한테 먹으라고 했다. 그 때 먹었던 밥은 얼마나 맛이 있었든지 무지하게 맛있게 먹었던 기억이 지금도 생생하다. 그 형한테 이 자리를 빌어 고맙다는 말을 전한다. 그 집이 평생 부자로 살았으면 좋겠다.

엄마는 밥을 얻으러 다니는데 집집마다 밥을 주지 않아서 두 시간이나 넘어서야 남의 집 헛간으로 돌아오셨다. 쉰밥이라도 달라니까 안 주어서 멀리까지 가서 동냥을 하며 한 숟가락씩 덜어주는 걸 채워오느라 오래 걸렸다고 하셨다.

엄마는 나와 작은형을 데리고 다니며 밥동냥으로 먹고 살았고, 아버지와 큰형, 둘째 형은 도토리를 주워다 울궈서 삶아먹으며 연명을 하였다.

이모의 죽음

6.25가 터져 철원에서 매형이 죽은 28년생 옥녀 누나는 누구의 소개로 뱅길리에서 비렁동으로 재취로 시집을 갔다.

그래서 엄마와 작은형, 그리고 나는 남의 집 헛간, 부엌을 전전하며 동냥을 다니면서 한 달 만에 마침내 누나네 집을 찾아갔다.

누나네 집은 쌀밥만 먹으며 살고 있었다. 거기서 쌀밥을 먹었던 기억, 그 밥맛이란 지금도 뭐라 형용할 수가 없다.

누나네 집에서 집으로 돌아오고 봄이 되자 겨울보다는 살기가 한결 나았다. 산과 들에 나물들이 쏟아져 올라왔기 때문이다. 짚신풀, 홋잎, 원추리, 삽추싹, 잔대싹 등을 뜯어먹고 살았다.

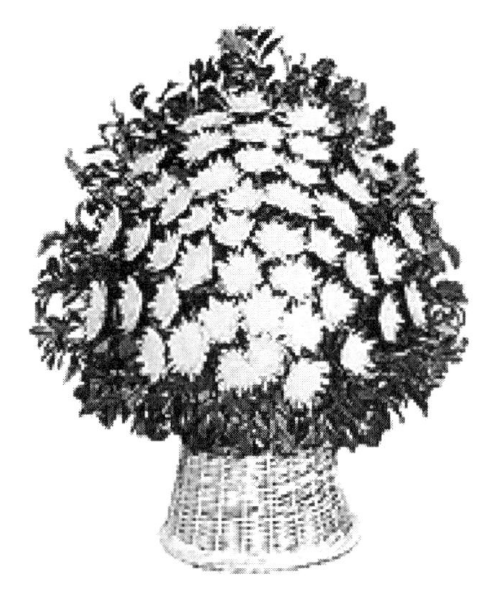

당시에는 아무나 산에다 불을 지르고 화전을 일궈 곡식을 심으면 되는데, 봄이 되어도 우리 집은 씨앗이 없어서 남의 집에서 얻어다 심었다.

엄마의 동생이 가평의 명아동(거린내)에서 강원동에 들어가 산다고 했다. 그래서 물어물어 친동생을 찾아가보니 작년에 장티푸스에 걸린 데다 애를 낳다가 죽었다고 했다.

지금의 이동면 연곡4리 제비울에 살다 돌아가신 박강호 씨, 치훈이 아버지가 우리 이모부였다. 말하자면 엄마의 여동생이 박강호 씨의 첫째 부인이었던 것이다. 이모부 박강호 씨는 계급장도 월급도 없이 노무자로 군인부대에 끌려가 밥이나 얻어먹으며 다녔고, 이모는 집에서 굶다시피 살았던 것이 죽게 된 원인이었던 것 같다.

결국 이모부는 군부대의 노무자로 끌려가고 이모는 이모부 없이 혼자 살며 애를 낳다가 돌아가셨다. 이모님 댁 할아버지는 며느리(이모)가 죽었는데도 아무도 도와줄 사람이 없어, 입었던 옷과 덮었던 포대기에 둘둘 싸서 지게에 져다가 도성고개에 묻었다고 했다.

우리는 움막을 짓고 살았는데 새초(억새)로 지붕을 덮었다. 그렇지만 여름에는 비가 줄줄 새서 고스란히 비를 맞고 살았다.

이모네 집이 근처에 있어서 묵은 옥수수나 가끔 새 옥수수를 얻어다 먹기도 했다. 한번은 내가 일곱 살 때 배가 고파서 이모네 밭의 옥수수를 땄다. 내가 키가 작아서 억지로 발뒤꿈치를 들고 옥수수를 따서 땅에 내려놓고 하나를 더 따려고 하니까 이모부가 보시고 "허, 이놈, 옥수수 따네."라고 하시곤 아무 야단도 치지 않으시고 가셨다. 나는 그때 누군지 몰랐지만 이모부는 나를 알아보셨던 것이다.

그 이듬해 여덟 살 때 가을에는 호밀을 심고, 겨울이 지나서는 옥수수를 심었다.

셋째 매형의 죽음

나의 셋째매형의 이름은 안승환, 매형은 1953년 초봄에 내 친구 이근길의 친형 이근태와 군대를 갔다.

매형은 턱골리라는 동네에 살았고 이근태는 강씨봉이란 동네에 살았는데 서로 거리는 1km정도의 같은 마을에 살았다. 같은 날 같은 시에 함께 군대를 가게 된 것이다.

그때는 논산훈련소가 없었다. 그때는 제주도에서 훈련을 받을 시절이었다. 매형과 근태 형은 늘 같이 다녔다.

군대에 간 지 5개월 후 삼척지구 전투에 참전하게 되었다. 매일같이 포탄과 총알이 비 오듯 떨어지는데 하루는 근태 형과 매형이 같이 점심을 먹고 반공호 안에서 쉬고 있었다.

그런데 이근태 형이 보니까 매형 안승환이 하는 말, "빨갱이 놈들 다 죽여야 돼!"라며 수류탄 안전핀을 뽑아서 적을 향해 투하했다.

근태 형이 두 눈으로 똑똑히 보았다고 했다.

적들이 총을 발사해 매형은 '아 – 앗!' 소리를 치며 쓰러졌다.

그 자리에서 사망한 것이다. 근태 형이 직접 보고 증언해준 말이다.

매형은 죽고 근태 형은 계속 적과 싸우고 있었다. 어느 날 근태 형은 전투를 하는데 총탄이 무릎 위 허벅지 살 많은 곳을 뚫고 지나갔다. 살이 다 날아갔지만 다행히도 뼈는 부러지지 않았다.

이근태는 산에서 "나 죽는다. 나 죽어!" 소리를 치며 데굴데굴 굴러 내려왔다.

근태 형은 그렇게 해서 살아났지만 우리 매형 안승환은 그후 부대에서 화장을 해서 나무상자 유골함에 담아서 턱골 동리로 돌아왔다. 군인 헌병 둘이서 총을 메고 매형의 유골을 들고 왔던 것이다.

매형의 아버지 어머니께 군인 헌병들이 하는 말, "우리가 동

작동 국립묘지에 모실까요?"라고 물었다.

매형의 아버지 어머니는 "내 아들은 우리 곁에 묻어야지 안 된다."고 해 결국 헌병들은 돌아가고 매형은 턱골에 산소를 써 모셨다.

어느덧 그 세월이 70년이 흘러가고, 매형의 산소는 지금까지 초라한 모습으로 있다.

매형의 딸 1953년생 안연순은 아버지 얼굴도 못 보고 자라서 벌써 70살이 되었다.

헌병들이 매형의 유골을 놓고 간 후 안씨 집안은 아버지 어머니뿐만 아니라 온 집안이 울음바다가 되었다. 꿈인지 생시인지 모르고 땅을 치고 통곡을 해도 소용없고, 이웃 사람들도 모두 울고만 있었다고 한다. 매형 안승환의 동생들은 5명이나 됐는데 온 가족이 울음바다였다고 한다.

그때가 엊그제 같은데 벌써 70년이란 세월이 꿈 같이 흘러가고 말았다.

그 후 이근태 형은 후방으로 이송돼 국군병원에서 한 5개월여 치료를 받고 퇴원을 하니까 1953년 7월 27일 휴전협정이 되었다.

그 후 큰 전쟁이 없어서 다시 남은 군대생활을 3년 넘게 하다가 제대를 했다.

이근태 형의 아버지 성함은 이해승 씨인데, 우리가 도성고개에서 메밀화전을 하는데 와서 일을 했다. 그때 근태 형이 와서 허벅지를 보여주는데 내 눈으로 보니 상처가 엄청 크고 심했다.

그때 내가 말했다.

"근길 형님 이근태 씨도 그 부상이 없었더라면, 계속 전쟁을 했더라면 아마 죽었을 거예요."

내 말에 근태 형이 말했다.

"자네 말이 맞네. 내가 부상당하지 않았더라면 아마 그때 삼척지구 전투에서 자네 매형 안승환처럼 전사하고 말았을 거야."

이근태 형님은 그렇게 사시다가 한 10여 년 전 84세를 일기로 작고하셨다.

이근태 형의 가족은 아버지 이해승, 아들 이근태, 누이, 이근로, 내 친구 이근길 등 3남 1녀였다.

추억의 도성고개

경기도 가평군 북면 적목리 335번지 논남동 도성고개, 나는 그곳에 7살에 정착하여 19살까지 12년을 살았다. 지금은 그 동네에 아무도 살지 않지만 그때는 수십 가구가 살았다.

매월 2일과 7일 등 5일에 한 번씩 서는 일동장날이면 늘 일동장을 다녔다.

한번은 나와 아버지, 그리고 명성이형이랑 장에 가는 길이었다. 당시 도성고개는 산동네라 엿장사가 잘 오지 않았다. 리어카를 끌고 오기도 힘든 데다 지게를 지고 오는 엿장사도 있었지만 자주 오지 않아 아이들은 아예 단 것을 입에 넣을 수 없던 시절이었다.

집에 큰 됫병이 두 개나 있는데 팔 데가 없어서 일동장에 가져다 팔기로 했다. 나는 한 손에 병 한 개씩 들고 아버지를 따라 도성고개를 내려와 초침리 방향으로 해서 일동장에 가는 날이다.

그런데 날씨가 너무 추워서 발은 눈에 푹푹 빠져 신발에 눈이 들어가 발이 너무 시렸다. 그런 데다 병을 들고 가는데 손이 시려서 혼났다.

아버지와 형님은 오지 말라고 계속 야단을 친다.

"오지 마, 기성아. 오지 마라니까!"

나는 못 들은 척 계속 따라갔다. 도성고개를 넘어가자 이젠 오지 말라는 소리를 하지 않으신다. 지금 생각하면 어떻게 따라 갔는지 모르겠다. 정말 추운 날씨였던 것으로 기억된다.

일동장에 가서 대륙상회에 들러 병 하나에 2원씩 4원에 팔아 종이돈 1원짜리 4개를 받아 쥐니 너무나 좋았다.

1965년 초봄, 가평군청 산림계에서 산림감수가 적목리 논남동 일대에다 낙엽송과 잣나무를 심으라고 했다. 하루에 품값은 200원이다. 나무 심는 품을 팔고 오라고 엄마가 점심으로 매일 옥수수밥을 싸주셨다.

초여름에는 중갈이 무를 심었다. 무 한 개가 너무 커서 지게에는 13개 이상 더 질 수 없었다. 내일 새벽 일찍 일어나 도성고개를 넘어 일동장에 가려면 무를 져다 집에 가져다 놓아야 했다. 이튿날 새벽부터 무가 실린 지게를 지고 일동장에 내다 팔고 돌아오면 저녁때가 되었다.

출판사 사장으로 내 책을 만들어주는 김순진 사장님도 어릴

적 아버지를 따라 제비울에서 우리 논남동으로 감자 씨를 사러 온 적이 있다고 했다. 그래서 그 심정을 알겠지만 지게에다 무거운 무를 잔뜩 지고 도성고개를 넘어가보지 않은 사람은 그 고통을 모른다. 경사가 얼마나 가파른지 무가 실린 지게를 지고 옆으로 조심조심 내려가야 한다. 도성고개에서 보국이 개울까지 내려와야 비로소 평지가 나온다. 그러고도 8Km는 더 걸어야 일동 장에 갈 수 있다. 그러니까 논남동 집에서 산길로 4Km가 넘으니 한 번 장에 갔다 오려면 60리를 걷는 셈이다. 지금 사람들이 누가 그렇게 하겠는가? 그런데 우리 논남동 사람들은 다 그렇게 살았다.

국망봉 산골짜기에 물에 졸졸 흘러내리고 있다. 내가 죽고 백년이 가도 천년이 가도 그 물은 여전히 흘러내릴 것이다. 그렇지만 우리 화전민들의 고생은 내가 이렇게 쓰지 않으면 아무도 모른다. 그래서 나는 자서전을 쓰고 있는 것이다.

서울이 생긴 지 600년이 지났다고 한다. 어머니 말씀으로는 그 전에는 황해도 개성이 서울이었다고 한다. 개성이 망가질 때 불가사리가 화를 내 온 세상이 불탔는데, 돌까지도 모두 불에 타서 돌이 구멍이 송송 뚫리게 되었고, 그 돌을 고석이라고 했단다. 지금의 고석정은 고석으로 된 돌 위에 정자가 있던 곳으로 임꺽정이 놀던 터라고 한다. 고석돌로 맷돌을 만들어 곡식을 갈아먹었는데, 불가사리가 불을 태운 것은 오히려 백성을 위한 것이라고 한다.

어린 일꾼

나는 학교에 다녀보지 못했다.

우리가 사는 곳은 가평군 적목리 큰 산 꼭대기에 살았기 때문에 학교가 멀기도 하였지만, 전쟁 직후라 먹고 사는 일이 급할 뿐이고, 공부 같은 것은 생각하지 못 했다.

나는 9,10살 무렵부터 어른들이 하는 일은 다 따라하고 살았다. 칡을 끊으러 다녔는데, 칡은 나무를 할 때나 지붕을 이을 때, 그리고 숯가마니를 만들 때도 필요했다. 참나무를 베어다가 숯가마에 넣고 불을 때 숯을 구웠다. 숯섬[12]를 치는데, 어린 나는 자주 칡을 끊어서 어깨끈을 해서 그걸 지고 큰 산을 넘어 집으로 오곤 했다.

---

12) 숯이 든 가마니

12살 무렵에 나는 완전한 일꾼이 되어 있었다. 두릅을 따거나 개삼, 천마 등을 캐다가 일동장에 가져다 팔았다. 나는 아버지 엄마한테 돈을 달라고 하지 않고 내가 벌어서 고무신을 사 신고, 연필과 백노지(백지)를 사서 공부했다. 더덕을 캐다 팔기도 했다. 피더덕은 반값 정도를 쳐주었고 깐 더덕은 값이 비쌌지만 나는 일일이 더덕을 까서 팔 수 없어서 주로 피더덕으[13]로 팔았다.

13) 까지 않은 더덕

아버지가 나중에는 소를 길렀다. 내가 13살 때에는 황소를 세 마리씩 길러서 팔았다. 소가 하도 잘 자라니까 여물을 쓸려면 운성이형과 두 시간 씩 여물을 썰어야 했다. 여물을 끓일 때는 콩을 한 됫박씩 넣어서 끓여주곤 했는데 소들이 잘 먹고 무럭무럭 자라주었다. 그때는 정말 소 기르는 것이 재미있었다.

그리고 화전을 일구어 메밀도 심었다. 메밀은 거름이 없는 땅에도 잘 자랐다. 메밀 씨를 한 가마니 두 말을 심어서 가을에는 22가마니의 메밀을 수확했다. 가평군 북면 적목리, 논남동 일대에서는 소를 많이 기르는 집, 그리고 메밀을 많이 하는 집으로 소문이 나 있었다.

그때가 57년부터 61년까지의 일이다.

포탄에 죽어간 이웃

1959년 음력 9월 27일은 일동장날이었다. 황규화(36세)와 이흥덕(21세)은 같이 숯을 구워 판다. 그날은 일동장날이라 6관들이 포대를 2포식 지게에다 지고 도성고개를 넘어서 일동장으로 가서 팔고 이것저것 장을 보았다.

그리고 같이 장에 갔던 황준성(60세 추정), 칠복 엄마(50세), 황규화(36세), 이흥덕(21세), 김칠복(14세) 등은 함께 도성고개를 향해 집으로 돌아가는 길이었다. 오후 4시경이었는데 신선봉에서 쉬는 중이었다. 지금의 일동 청계저수지 위에서 군인들이 제비울 앞산 큰 바위를 목표로 포사격을 하고 있다.

"이제 그만 쉬고 집으로 가자고. 배고파."

신선봉에서 쉬던 중에 5명 중 한 사람이 배가 고프다며 빨리 집에 가서 밥 먹자고 했다.

"이렇게 포사격을 하는데 가다가 5명 중 한 사람이 포에 맞아 죽을라."

누군가가 말했다.

일행들은 신선봉에서 도성고개 쪽으로 7~800m쯤 가고 있을 때였다. 스르르륵……. 포탄이 발 옆에 떨어지는 소리가 났다.

맨 앞에는 이홍덕, 그다음에는 황규화, 그 다음은 칠복이 엄마, 그리고 칠복이, 황준성 순으로 다섯 사람이 걸어가고 있었다.

누군가가 말했다.

"모두 엎드려!"

모두들 엎드렸는데 포탄이 엎드린 둑 밑에 떨어졌다.

"꽝!"

포탄의 파편은 미처 피할 새도 없이 땅을 뚫고 나와 엎드려 있던 이홍덕과 황규화 두 사람이 불과 1,2초 만에 그 자리에서 즉사하고 말았다.

이홍덕은 머리가 터져 절명했고 황규화는 가슴을 맞아서 절명

했다. 나머지 세 사람은 하나도 다친 데 없었다.

그날 나는 집 앞 개울에 있었는데 김칠복이가 머리에 하얗게 먼지를 뒤집어쓴 채 뛰어오고 있었다.

"너 왜 이래?"

내가 물었다.

"우리 형이 죽었어. 포에 맞아 죽었다."

그렇게 말하면서 1.5Km 떨어진 곳을 뛰어가는 것을 그날 나는 보았다.

그래서 나도 엄마한테 뛰어갔다.

"엄마 엄마, 칠복이네 의붓형이 죽었대!"

엄마는 내 말을 듣자마자 어느새 도성고개를 넘어 신선봉 쪽으로 달려가고 있었다.

엄마가 그곳을 가보니 차마 눈 뜨고는 볼 수가 없었다.

'지게를 진 채 엎드려 죽어 있었는데, 처참해서 눈으로 볼 수 없었다.'고 엄마는 돌아온 후 말해주었다.

칠복이 아버지 황준성 씨는 뱀말로 뛰어 내려갔다. 그리고 유윤진이란 사람한테 이 사실을 말했다.

그리고 유윤진이란 사람은 자전거를 타고 일동 청계의 군인들이 대포를 쏘는 훈련장으로 찾아가서 말했다.

"사람들이 있는 데로 포를 쏘면 어떻게 해요. 오늘 4시 경에 도성고개에 사는 다섯 명이 일동장에 갔다가 포에 맞아서 두 명이 죽었어요."

그 말을 들은 군인들 2~30명이 시체들을 수습해서 들것에 들고 우리 집 앞으로 지나갔다. 나와 우리 식구들은 그걸 직접 보았는데 정말 눈물이 앞을 가리고 한심해서 가슴을 억누를 길이 없었다.

아침에 우리 집 뒤로 다섯 명이 장에 간다고 가는 것을 보았는데, 두 명이나 죽어서 들것에 실려 지나가는 것을 보니 한심

하기 이를 데가 없었다.

황규화의 부인은 애를 배고 있었다. 그때 태어난 아이가 황순복으로 벌써 63세가 되었다.

둘째형님이 군대에 가다

1960년 내가 열다섯 살 때의 일이다. 그해도 여름에 비를 맞으며 꼴을 베러 다니느라 고생이 많았다. 겨울에도 여물을 써느라 고생을 많이 했다. 큰 소를 팔면 송아지를 또 사다 놓고, 그렇게 해서 돈을 좀 벌었다.

그러던 중 5월 16일(음력 4월 21일) 둘째형님 명성이 형이 군대를 갔다. 그때 나는 얼마나 울었는지 모른다. 명하동까지 25리를 따라갔다 오는데 집에 올 때까지 울었다.

나만 운 게 아니라 명성이 형의 친구 이순영이란 사람도 군대에 같이 갔는데, 그의 엄마도 얼마나 슬프게 울었는지, 울다가 실신까지 했다. 그 당시에는 군대에 가면 언제 올지 몰라서 죽

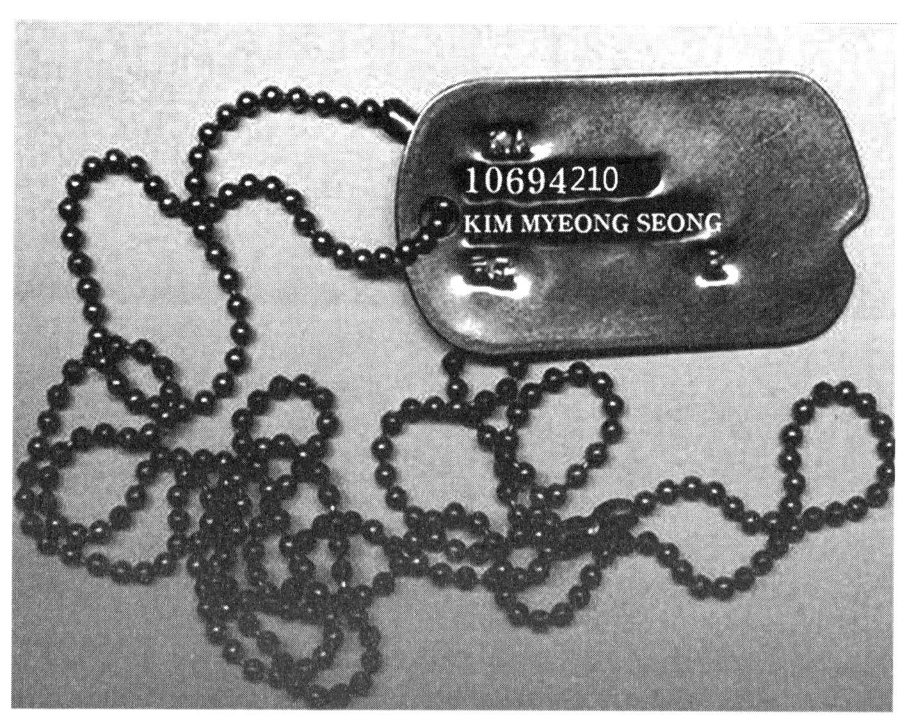

으러 가는 것처럼 그렇게 울었던 것이다.

형이 군대에 간 지 12개월 만에 휴가를 왔다. 그 당시 군대생활은 하루도 안 빠지고 36개월을 복무해야 했는데, 다행히도 우리 형이랑 형의 친구가 무사히 3년의 군대생활을 마치고 제대를 해왔다.

나는 지금도 명성이 형의 군번을 안 잊고 있다. 1960년 5월 16일 군대에 간 김명성 형의 군번은 10694210이었다.

아버지의 약을 사러 일동장에 다니다

아버지는 엄마보다 한 살이 적었다. 엄마는 양띠였고 아버지는 잔나비띠였다.

내가 15살 때 아버지는 가을에 콩 타작을 하는데 숨이 차다고 하셨다. 초가을부터 일하다가 방에 들어가 누웠다가 나오곤 하셨다.

그런데 엄마는 꾀병이라고 했다. 아버지의 배가 점점 부어오르자 서울대병원까지 진찰은 했지만 돈이 없어서 입원을 못하고 되돌아오셨다.

그때부터 나는 아버지의 약을 사러 일동장에 엄청나게 다녔다. 하루에 두 번 다녀온 적도 있었다. 일동 동광약방에 보명수,

활명수 등 수십 가지 약을 사러 다녔다.

어느 날은 일동장에 갔다 오라고 해서 갔다 왔는데, 엄마가 또 가서 사과를 사오라고 해서 일동까지는 못 가고 뱀말 황해상회에 가면 사과가 있는 줄 알았다.

뱀말 황해상회에 도착하니까 날이 어두웠다. 뱀말에는 도성고개에 살던 병렬이네라는 집이 있었는데 병렬이 엄마 하시는 말씀이 "해가 다 갔는데 어떻게 산길을 가느냐?"며 저물었다고 자고 가라고 신신당부했다.

하지만 나는 그 어두운 밤의 큰 산 산길을 걸어 되돌아왔다. 열다섯의 나이에 "아버지가 아무것도 못 잡수시니까 빨리 가져다 드려야 해요."라며 나는 사과를 가지고 아무것도 보이지 않는 칠흑 같은 산길을 되돌아왔다.

도성고개를 넘어오는데 오직 '아버지에게 사과를 가져다 드려야 한다.'는 일념 때문에 무서운 것도 없었다. 그 캄캄한 밤에 얼마나 빨리 뛰어왔는지 집에 오니까 옷이 땀에 흠뻑 젖어 있었다. 지금 생각하니까 뱀말에서 도성고개 넘어 집에까지 세 시간은 족히 걸리는 산길을 한 시간 만에 왔나 보다.

아버지가 돌아가시다

1961년 6월 12일(음력 4월 29일)은 일동장날이었다. 지금도 일동 장날은 2일과 7일에 선다.

치분이 엄마는 우리 엄마의 동생인 이모가 죽고 새로 얻은 이모부의 아내, 즉 새 이모였다. 일동장에서 만난 치분이 엄마가 하시는 말씀이 "누가 저 산소 등에서 내려오더라."고 했다.

김종률이란 사람, 명희 아버지와 같이 보국이 개울에서 물을 먹고 세수를 하고 있는데 누군가 봤더니 우리 이모부 치분이 아버지였는데 우리가 있는 개울께로 오셨다.

치분이 엄마가 어쩐 일이냐고 했더니 "기성이 아버지가 돌아가셨다."고 했다.

그래서 나는 치분이 엄마를 놔두고 급히 단숨에 도성고개를 넘어 집으로 왔다. 얼마나 울면서 빨리 왔는지 모른다. 엄청 울었고 단숨에 달려왔다. 아버지는 이미 돌아가셨다.

아버지는 지난 해 가을 콩마당질을 할 때부터 아프기 시작해서 8개월을 앓으시다가 1961년 음력 4월 29일에 54세를 일기로 돌아가셨다. 그해 음력 4월 달은 작아서 30일이 없었다.

나는 거기서 12년 동안 살았다.

땅을 사다

1960년 9월 10일 아버지(金文弼)가 병환이 나셨다. 1961년 5월까지 한 7,8개월 앓으셨던 것 같다. 1960년 12월 11일 김운성 형과 서울대학병원에 갔다. 그런데 병원비가 비싸고 돈이 없어서 입원하지 못하고 운성이 형이 아버지를 업고 도성고개를 넘어 집으로 돌아왔고, 그러다가 이듬해 음력 4월 29일에 작고하시고 말았다.

6월 12일 일요일은 큰형인 명성이형이 군대에 간지 꼭 1년째 되는 날이었다. 그때 집에는 큰 소가 세 마리나 있었다. 아버지가 돌아가시기 20일 전인 내가 열다섯 살 때 뱀말에 사는 윤진이란 분이 소를 팔아주셨다.

그래서 그 돈으로 사당말, 새터 쪽으로 장아리에 논 여섯 마지기를 샀다. 지금도 그 논이 있다.

이제 나는 더 커서 모든 걸 다 할 수 있었다. 무를 많이 심어서 이동장에 내다 팔았고, 일동장에도 내다 팔았다. 내가 16살이 되던 해, 그 당시에는 도성고개 사람들은 무를 많이 심었다. 서울 사람들도 와서 무를 심었다.

그래서 무를 지게에 지고 내려오는 '무 하산' 일이 많았다. '무 하산'이란 산에서 무를 지고 내려오는 일이었다. 화전을 하는 산꼭대기 밭에서 차가 있는 데까지는 무를 지게로 져날아야만 했다.

그 당시 하루 품삯은 200원이었다. 나로서는 매우 큰돈이었다. 나는 무 하산으로 하고 받은 품삯으로 옷도 사 입고 신발도 사 신었다.

돈이 되는 일이면 무엇이든 해

내가 16살 때, 그때부터 나는 무슨 일이건 돈이 되는 일이면 다 했다.

가을이면 옥노[14]를 놓아 산토끼를 잡았다. 한 해 겨울에 50마리쯤은 잡아 판 것 같다. 옥노를 놓으면 토끼도 잡혔지만, 가끔 족제비나 오소리도 잡혔다. 싸이나[15]를 놓아 꿩도 많이 잡았다. 콩을 파서 청산가리를 넣은 콩을 꿩들이 다니는 길목에 뿌려놓으면 주워 먹고 멀리 날아가지 못하고 죽는 것이었다. 그러면 주워 오는 방식이다.

봄이면 새밭둔지 지뢰밭에서 더덕을 캐다 일동장에 팔고, 두

14) 올무의 사투리
15) 청산가리의 속어

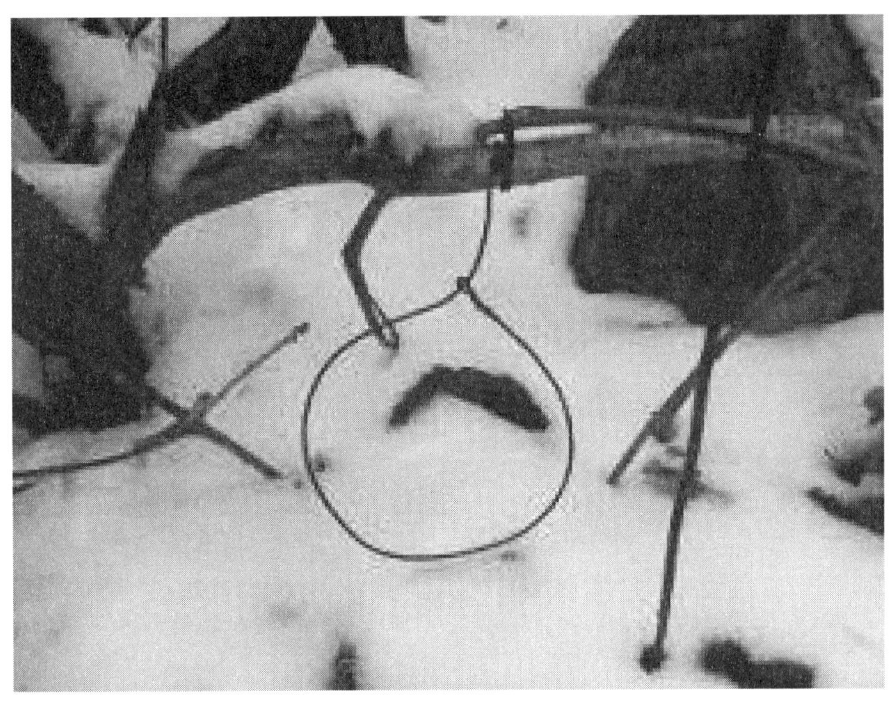

릅을 따다 팔았다. 개삼을 캐다 팔고, 천마를 캐다 팔고 돈이 되는 일이라면 무엇이든 캐고 잡아다 팔았다.

특별히 생각나는 일은 도성고개에서 국망봉 방향을 새밭둥지 밑은 지뢰밭이라며 사람들은 못 간다고 말했다. 그렇지만 나는 두려움을 떨치고 그곳으로 들어갔다. 갔더니 더덕이 얼마나 많은지 나는 정신없이 캤다.

그날 옥수수밥을 점심으로 싸가지고 갔는데 더덕을 얼마나 많이 캤는지 모른다. 지금으로 말하자면 정부미 60kg짜리 마대

하나 가득 캤던 것 같다. 빈 자루를 가득 채워 칡줄로 질방을 해서 짊어지고 오는데 얼마나 무거운지 혼이 났다. 억지로 지고 오느라 정말 힘들었던 기억이 지금도 생생하다. 그 더덕을 일동 장에 내다 팔고 나는 돈을 벌었다.

명성이 형의 결혼

1963년 명성이 형님이 일동면 새터 마을의 안씨네 안한석 씨의 막내딸 18살 안옥희 형수님과 결혼을 했다. 형님 내외분은 지금도 장아리에 살고 계신다.

그 이듬해 1964년, 그해에는 비가 얼마나 많이 왔는지 나는 형네 집에 갔다가 비가 많이 오길래 물구경을 간다고 가다가 앵바위 보뚜랑16)을 건너다 물에 빠졌는데, 물이 모가지까지 차서 죽을 뻔했다.

그해 조치미에서 사당말 집 7,8채가 문실문실 떠내려가는 것을 내 눈으로 보았다.

---

16) 논가에 물이 내려가는 물길

그해 8월 17일은 이승만 대통령이 미국에서 죽어서 돌아왔다.

품삯을 떼이다

내가 열아홉 살이 되던 해 1965년 3월에는 잣나무를 심으러 다녔다. 적목리, 논남 명지산 및 임산의 국유림과 도유림지에 잣나무를 심으러 다녔다. 하루 200원씩 품삯을 받고 한 달 동안 다닌 것 같다. 어머니께서 싸주시는 옥수수밥 점심도시락을 먹으며 잣나무를 심으러 다녔다.

그해 가을에는 '무 하산'을 했다. 지당골 매직골 뒤 엄청 높은 산꼭대기에서 차가 있는 데까지 무를 지게로 져 내리는 일이다. 삯은 여전히 200원씩이었다. 그 일을 20일 했다.

그때 친구들은 나와 마종호, 오복동, 김칠복, 황구선 등이다.

서울 한남동에 산다는 주씨라는 놈이 무를 심었는데, 무가 얼마나 잘 되었는지 너무 커서 한 짐에 열두 개나 열세 개씩밖에 못 졌다. 20일을 일했는데 품삯을 열흘 치밖에 못 받았다. 열흘 치는 떼인 것이다.

그 자식이 적어준 주소를 가지고 한남동에 가서 한남동 일대를 다 뒤져보았지만 끝내 그 놈을 찾을 수는 없었다. 그래서 그때 땀 흘리며 일한 열흘 치 품삯을 떼이고 말았다.

막노동을 하는 사람 돈 떼먹는 놈은 평생 무나 처먹고 살 무식한 놈이다.

자전거를 배우다

1965년 11월 27일, 내 나이 열아홉에 무를 하산해주고 받은 2,000원을 가지고 서울로 돈을 벌러 갔다. 우리 엄마의 남동생이었던 이흥용 외삼촌을 찾아 해방촌 해방교회 옆을 찾아갔다.

"외삼촌 나 취직 좀 시켜주세요."

외삼촌이 대답했다.

"취직할 데가 어디 있나?"

외삼촌은 말이 없는 분이었다.

그때 외삼촌은 남대문시장에 있는 쌀 도매상회에 다니셨다. 가게 이름은 남창상회였고 사장의 이름은 박영석이었다.

외삼촌은 새벽 4시부터 집에서 나갔다. 그래서 나는 외삼촌에게 쌀가게에 취직을 시켜달라고 했다.

하루 이틀 있으려니 '쌀가게 한 군데에서 사람을 구한다.'고 하며, 외삼촌이 가보자고 했다.

외삼촌과 같이 간 남산초등학교 앞 드라마센터 옆 퇴계로의 쌀가게에서 주인이 나를 보고 물었다.

"자전거 탈 줄 아니?"

"못 타요."

내가 대답했다.

"그럼 안 되겠네……."

결국 나는 자전거를 탈 줄 몰라서 취직을 못했다. 얼마나 속이 상하든지……. 자전거만 탈 줄 알았더라면 취직이 되는 건데 자전거를 탈 줄 몰라서 많이 속상했다.

다음날 나는 바로 시골집으로 내려왔다.

그리고 11월 29일, 일동시내 자전차포에 갔다. 그곳에는 내가 도성고개에 살 때 알던 박강호의 누님 아들인 사돈의 팔촌 박재홍이란 친구가 있었다.

"내가 자전거를 배우려고 하는데 빌려줄 수 있나? 한 시간에 얼마인데?"

내가 물었다.

“한 시간에 20원이야.”

박재홍이 대답했다.

자전차포 주인은 따로 있고 사돈의 팔촌인 박재홍은 빵꾸를 때우는 일을 하고 있었다.

내 친구 마종호, 오복동 두 녀석은 자전거를 잘 탔는데 나만 자전거를 탈 줄 몰랐다. 그래서 나는 그날 당장 자전거를 빌렸다. 나는 자전거를 타고 친구 마종호와 오복동이 보고 뒤에서 붙들라고 했다.

내가 페달을 좀 밟고 있으면 둘은 슬그머니 손을 놓고, 그들이 손을 놓는 순간 나는 얼마 가지 못하고 자빠져버리고 말았다.

“야, 너 자전거 못 배우겠다.”

마종호와 오복동이 내게 한 말이다.

그렇지만 나는 ‘그래, 내가 꼭 배워야지…….’라고 하면서 속으로 악을 쓰고 배웠다.

오전 12시가 되도록 자전거를 탔다.

그러자 붙들지 않아도 조금 갈 수 있었다. 그래서 나는 저녁

때까지 자전거를 배웠다.

2부
광풍을 견뎌내다

드디어 취직을 하다

그래서 나는 그 다음날 하루 더 자전거를 빌려서 자전거를 배웠다. 그랬더니 그날은 뒤에서 붙들어주지 않아도 자전거를 곧잘 탈 수 있게 되었다. 그날 나는 하루종일 자전거를 배웠다. 이젠 누가 뒤에서 붙잡아주지 않아도 혼자서 잘 간다. 정말 신기하고 신이 난다. 내가 마침내 혼자 자전거를 타고 달릴 수 있게 되었다던 것이다.

"내가 자전거를 타고 달린다. 저리 비켜라!"

그 다음날 나는 다시 서울로 올라왔다. 그리고 외삼촌한테 취직을 부탁했다. 그랬더니 외삼촌은 취직자리를 알아보며 또 한

군데로 나를 데리고 갔다.

외삼촌이 데리고 간 곳은 회현동2가 71번지 홍진상회였다. 주인은 1926년생 최성오였다. 가수 이난영네 집 앞이었고, 중앙정보부 옆이었다. 홍진상회의 전화번호는 28-8074이었다.

그 집에서 역시나 나에게 물었다.

"자전거 탈 줄 알아요?"

그래서 나는 대답했다.

"탈 줄은 아는데 잘 타지는 못해요."

나는 솔직히 대답하며 그 주인한테 '두 손가락이 없다.'며 손을 보여주었다.

"일을 잘 할 수 있을까?"

주인은 고개를 갸우뚱하더니 말했다.

"한 번 해봐요. 한 달 월급은 200원을 줄게요."

나는 시골에서 내가 하루만 나가서 품을 팔면 200원을 받을 수 있었지만, 그래도 서울에서 먹고 잘 수 있으니까 내 속으로는 좋다고 생각했다.

그래서 나는 1965년 12월 2일에 쌀가게 홍진상회에 월 200원을 받으며 입사했다. 그렇지만 주인은 내게 그 다음해 1월에는 400원, 2월에는 800원, 3월에는 1,600원으로 월급을 올려주었다. 그리고 손이 그래도 일을 잘한다고 칭찬했다.

그 당시 가수 이난영, 가수 송민도 내가 일하는 쌀가게 홍진상회 윗 골목에 살았고, 이학송병원과 이종수산부인과도 있었다. 내 나이 20살의 일이다.

송민도는 아침마다 우리 가게에 와서 전화를 빌려 썼다.

경찰서에 잡혀가다

그런데 같이 일하는 친구가 맘에 들지 않았다. 이름은 김형래, 나이는 47년생으로 나보다 한 살이 아래다. 고향은 충남 부여인데 논산제2훈련소가 있는 전라도가 가까운 곳에 살아서 전라도 놈이라 불렀다. 덩치가 나보다 크고 중학교를 마치고 서울로 올라와서 자전거를 잘 탔다. 그때 그는 벌써 쌀 두 가마니를 싣고 잘 다녔다.

그때 주인 최성오는 머리가 얼마나 좋은지 나를 보고 한 말 두 말만 싣고 다니라 했다. 그 당시 김형래는 월급으로 2,000원을 받는데 나는 한 달에 200원, 400원을 받았다. 주인 최성오는 내가 그만두고 나갈까봐 한 달 치 월급을 주지 않고 깔아놓

고 주었다.

주인 최성오의 원래 직장은 한국은행 본점이었다. 무슨 이유인지 그 좋은 직장을 그만두고 쌀장사를 했다. 최성오의 친구였던 김두추라는 사람이 가끔 오곤 했는데, 체격이 엄청 크고 뚱뚱했다.

우리들이 매일 먹고 자며 하는 일은 쌀배달이었다. 한 달에 한 번도 노는 날이 없었다. 어디 갈 데가 없으니까 토요일, 일요일도 일을 했다.

한두 달이 지나니까 나도 자전거를 잘 타게 되었다. 쌀 닷 말

내지 한 가마니를 싣고 곧잘 배달을 했다. 그런데 맨날 김형래란 놈이 나에게 타박을 하고 면박을 한다.

김형래 놈은 나를 못살게 굴어야 자기가 도둑질을 해먹을 수 있었다. 내가 그만두고 나가면 마음대로 도둑질을 해먹을 심산이었던 것 같다.

날씨가 매우 추운 날 하루는 김형래, 그 자식 때문에 내가 머리에 털 난 후 처음으로 한국은행 옆 파출소 순경에게 붙잡혀 갔다.

무슨 일이냐 하면, 그날 저녁 9시 쯤, 김형래는 나를 보고 연탄재를 버리고 오라고 시켰다. 연탄집게로 연탄재를 버리러 나갔다. 이난영 가수네 집 앞에 매일매일 아침 9시면 쓰레기차가 와서 종을 흔드는데 아침 9시 이후에는 그곳에 쓰레기를 버리지 못한다. 그런데 김형래 그놈이 연탄재를 버리고 오라 해서 연탄재를 버리다가 순경한테 걸린 것이다.

순경이 나를 보고 파출소로 가자고 했다. 그래서 나는 연탄집게 하나를 들고 순경을 따라갔다. 한국은행 옆에 있는 파출소였다. 밤 10시쯤 "집이 어디야, 주소가 어디야" 조서를 쓰고 이때나 저때나 보내줄 때를 바랬는데 안 보내준다. 그때는 통금이

▲ 1989. 1. 1. 불나기 전의 남대문

있던 시절이다. 밤 12시가 되니까 벙어리차[17]가 오더니 타라고 했다. 12인승차처럼 생긴 차인데 창문이 없어서 벙어리차라 했다.

어디로 가는지 몰랐는데, 나중에 들으니까 남대문경찰소로 간다고 했다. 그날 밤 남대문경찰소 지하보호소에서 밤을 지샜다. 나뿐만이 아니라 다른 사람들도 많이 있었다. 밤새도록 이때나 보내주나 저때나 보내나 하고 기다렸지만 보내주지 않았다.

나는 밤새도록 잠 한 숨 못 자고 경찰서에서 얼마나 지루한 밤을 보냈는지 모른다. 내 맘에는 낮 12시쯤이나 되었나 싶었는

17) 창문이 없는 차

데 나와서 서울역에 있는 시계를 보았더니 아침 9시였다.

그렇지만 나는 어디로 가는지 몰랐다. 나중에 안 사실이지만 나는 지금의 마포경찰서 옆 직결심판소로 넘겨졌던 것이다. 머리에 털 나고 처음으로 파출소에 붙들려가서 경찰소에 넘겨져 그곳에서 직결심판소로 넘겨졌다. 그곳에 가보니 사람 수십 명이 심판을 받고 벌금을 내야 나간다고 했다.

그런데 나는 수중에 돈 한 푼이 없었다. '죽이면 죽고 살리면 산다.'며 나는 그냥 있었다. 그런데 웬일인가?

"김기성!"

내 이름을 부르며 철문이 열렸다.

"김기성 나와."

그래서 나는 인생 처음으로 구치소 철창에 갇혔다가 나왔다.

주인 최성오가 왔다.

"쌔끼!"

주인이 김형래한테 말하며 화를 냈다.

"너는 잘못이 없다."

그리고 주인은 나를 위로하면서 괜찮다고 했다.

직결심판소에서 나와 마포경찰서 앞길에서 머리에 털 나고 처음으로 택시를 타고 회현동으로 왔다.

주인 최성오는 가게에 오자마자 김형래에게 야단을 쳤다. 최성오는 김형래가 도둑질해먹는 법을 99% 알고 있었던 것이다.

"너는 내가 안다."

주인은 나를 보고 내 마음을 안다며 괜찮다고 했다.

"네가 해먹은 거 다 안다."

그리고 최성오는 김형래에게 그동안 도둑질해먹은 걸 다 안다고 했다.

그 당시 쌀 소두 한 되에 34원, 한 말에 340원, 한 가마니에 3,400원이었다.

그해 6월 25일에 권투선수 김기수가 장충체육관에서 이탈리아의 권투선수 본 벤트르와 싸워 12회 판정승으로 이겼다. 입장료는 4,000원이었다. 김기수 선수는 그날 돈을 벌어 명동에다 김기수챔피언다방을 샀다.

전차에 김칫국물을 흘리다

1966년 1월 22일은 구정날이었다. 그날 아침에 나는 한국은행 앞에서 전차를 타고 주인 최성오 집에 갔다. 영등포역 조금 못 가서 신길역서 남쪽으로 7~800m 쯤 걸어갔다.

설날 아침, 얼마나 추운지……. 아마도 영하 15도는 되는 것 같았다. 최성오네 집은 일본집 관사에 살고 있었다. 설날이라며 떡국을 끓여줘서 잘 먹고 왔다.

김형래는 그 먼데까지 자전거를 타고 가서 매번 김치를 가져다 먹었다. 하루는 최성오가 나를 보고 집에 가서 김치를 가지고 오라 했다. 그래서 나는 빠께스를 가지고 신길동 최성오네 집으로 김치를 가지러 갔다. 김형래는 새우젓독으로 김치를 실

어 날랐다.

최성오의 부인은 빠께스에다 김치를 가득 담아주었다.

나는 김치가 가득 담긴 빠께스를 들고 신길역에서 한국은행 앞 역으로 가는 전차를 탔다. 전차를 타고 오는데 전차가 흔들리니까 김치를 너무 많이 담아서 전차바닥에 김칫국물이 빨갛게 흘렀다. 사람들이 많은데 김칫국물을 흘려서 나는 미안해 혼이 났다.

직장을 그만두다

어느덧 여름이 다 가고 가을이 와 추석이 돌아왔다. 나는 그 해 9월 29일 추석에 집에 갔다.

집에 가서 한 3,4일이 되었다. 쌀가게 주인이 빨리 돌아오라고 했는데 나는 김형래가 맘에 들지 않아서 그만두려고 했다.

그래서 늦게 갔다. 주인은 좋은데 같이 일하는 김형래가 맘에 안 들어서 그만두려고 마음을 먹었던 것이다. 주인 최성오는 '네가 그만두면 안 된다.'고 하는데, 나는 '일을 안 한다.'며 잡아 떼었다. 그러니까 최성오는" 네가 없으면 장사를 그만두겠다." 고 하였다.

그리고 한 시간이 넘도록 사정을 하였다. 나는 그래도 '일을 안 하겠다.'고 말하였다. 그랬더니 "김기성이는 배우지는 못했어도 똑똑하고 영리하다."고 하셨다.

그래서 나는 "김형래 새끼 때문에 못 살겠어요. 그래서 그만두기로 결심했어요."라고 말했다.

그랬더니 최성오 사장은 얼굴이 빨갛게 변해서 주판을 착착 튕기면서 나의 남은 월급을 계산해주었다.

나는 주인이 아무리 좋은 사람이라고 하더라도, 맘에 맞지 않은 사람하고는 일을 할 수가 없었다.

나는 거기서 9개월 동안 근무했다.

불이 나서 전 재산을 날리다

이제 나는 무엇을 해야 하나…….

지금 우리은행의 본점이 있던 자리가 그때는 해군헌병감실이 있던 자리였다. 그 앞에서 리어카로 포장마차를 하는 사람을 알았다.

그 사람의 이름은 이종기로 나보다 10살이 더 먹은 사람이었다.

그는 나에게 "포장마차를 한 번 해봐라."고 했다. 이종기도 역시 포장마차를 하고 있었기에 나는 그의 말을 듣고 리어카를 사서 포장마차 장사를 하기로 결심했다.

무엇을 파느냐? 고구마를 사다가 채를 썰어서 기름에 튀겨 종

이봉지에 담아 팔았다. 한 봉지에 5원, 10원에 팔았다. 내 전 재산으로 리어카를 사고 포장마차를 꾸몄다.

그 당시 염천교 중앙시장에서 고구마를 사다 팔았다. 해군헌병감실 옆에는 양은석외과병원이라는 병원이 있었다. 나는 그 밑에 도로 옆에서 장사를 했다.

그런데 한 달 쯤 했나 싶은데 어느덧 11월이 다 가고 12월이 되었다. 그러던 어느 날 포장마차에 불이 났다.

고구마를 튀기다가 그만 잘못해서 연탄불이 과열되어 불이 났던 것이다. 31구공탄, 구멍이 31개가 있는 연탄이었다. 가정용은 19공탄이었다. 기름이 펄펄 끓었다. 그때 기름은 깡통에 묵처럼 굳어 있었는데 녹이면 물처럼 흥건해졌다.

채 썬 고구마를 끓는 솥에 넣는 순간 기름이 넘어서 화덕의 31공탄 연탄불에 인화되어 불이 붙은 것이다. 눈 깜짝하는 사이에 포장마차는 불바다였다.

근처의 내가 아는 사람들이 모두 와서 불을 꺼주는데, 불길을 잡지 못하고 포장마차는 새까맣게 모두 타버리고 말았다.

그래서 나는 또다시 거지가 되고 말았다.

또다시 쌀가게에 취직하다

불이 나고 난 후 나는 외삼촌네 집에서 기거하고 있었다. 그렇게 12월이 다 가고 나는 시골집으로 내려왔다. 그렇게 어느덧 1967년 1,2월이 다 갔다.

나는 그냥 집에서 놀 수만은 없어서 또다시 외삼촌을 찾아갔다.

"외삼춘, 또 취직 좀 시켜주세요."

나는 외삼촌에게 부탁을 했다.

그랬더니 외삼촌이 말했다.

"남대문시장에 쌀집을 하는 사람이 사람을 구하는데 일이 힘들다고 하더라. 해볼 테면 해봐라."

"네 한 번 해볼게요."

나는 힘들 거라는 외삼촌의 말에도 시골에서 농사일 산일이 몸에 밴 지라 해보겠다고 했다.

그리고 하루는 외삼촌 이흥용과 남대문시장에 가보았다.

그 쌀가게 주인이 나를 보고 말했다.

"최성오네 쌀가게에서도 있었다지만 엄청 힘들 게에요."

그 말에 나는 '그래도 해볼게요.'라고 했다.

가게는 남창동 50번지에 있었다. 먹고 자고 하는데 안집은 자유극장 뒤 구둣방 골목 남창동 60번지에 있었다.

나는 1967년 3월에 입사를 했다. 그런데 가게 방에서 한 사람이 자고 나는 가게가 높아서 다락방 2층에서 잠을 잤다. 내가 자는 방은 겨우 한 사람이 잘 정도였고 불도 없었다. 3월 2일부로 일을 시작했는데 엄청 힘이 들었다.

그 집 아들은 가게 방에서 연탄불을 넣고 혼자 자고, 나는 다락방에서 불도 때지 않은 방에서 혼자 잤다. 방에는 라디오도 없고 아무 것도 없었다.

1967년 3월 16일, 자유극장 옆 유성백화점에 불이 났다. 67개의 점포가 모두 불에 탔다. 그 유성백화점은 우리 가게에서 200m쯤 떨어진 곳으로 불이 나는 걸 내 눈으로 생생히 봐서 지금도 눈에 선하다.

가게 일은 정말 힘들었다. 하루같이 매일 아침에 5시에 일어나서 저녁 10시까지 죽도록 일을 했다.

보리, 콩, 조, 수수, 기장 등 3,40가지나 되는 잡곡을 가게 앞에 내놓으면 한 시간 반이 넘게 걸렸다.

그 집 아들의 이름은 박현국으로 45년생, 나보다 한 살이 많았다. 그런데 일은 하나도 안 하고 가게 방에서 잠만 잔다. 하루 같이 매일이 똑 같다. 박현국은 몸이 안 좋은 배냇장애라 손 하나 까딱하지 않았다. 한 다리 한 발이 장애자라 일을 못해, 나는 매일같이 5시에 일어나 그 많은 잡곡을 내놓아야 한다. 그 다음에는 당시의 쌀에는 돌이 많아서 돌 고르는 석발기에 돌을 골라야 했다.

매일 아침이면 됫박으로 파는 쌀을 네 가마씩이나 팔았다. 그 당시 양동, 송남동, 도동에는 판잣집이 수백 채나 있었다. 그 사람들 모두가 됫박 쌀을 사다 먹었고 그래서 쌀이 많이 팔렸다.

나는 가게에서 쌀, 잡곡을 팔아야 했고, 외부로 주문 오는 쌀이나 잡곡을 배달해야 했다. 때문에 나는 눈코 뜰 새 없이 바빴다. 하루에 20가마니씩 매일 쌀을 팔았다. 한 달에 하루도 쉬는 날이 없었다.

주인남자의 이름은 박창배, 주인아줌마의 이름은 윤순자였다. 박창배 씨는 몸이 안 좋아 일을 하지 않고 집에만 있었다. 가게에는 한 달에 한 번 나올까 말까 했고, 윤순자 아줌마 혼자서 장사를 했다.

죽도록 고생하다

남창동 50번지 남대문시장 안, 내가 근무하고 있는 쌀가게의 일은 하루같이 새벽 5시에 일어나 물건을 정리하고, 저녁 10시에 치우기 시작하면 11시가 돼야 일이 끝났다.

밤 11시에 문을 닫고 세수를 하고 발을 닦고 자는데 영하 10도가 넘는 겨울날씨에 뜨거운 물 한 번 써보지 못했다. 이런 말을 하면 누가 믿겠느냐만 정말 그렇다. 지금 생각해도 아무리 젊어서 고생은 사서도 한다고 했지만 정말 고생스러운 젊은 날이었다. 찬물로 세수하고 발을 닦고 온기라고는 아무 것도 없는 2층 다다미방 다락방에 있으면, 얼마나 추웠든지, 얼마나 손이 시리든지 60촉 전구다마를 손으로 감싸며 온기를 보충해야만

했다.

남산상회 전화번호는 22-3621, 윤순자 여사장은 내가 힘들다는 것을 아는지 사람을 구했다. 그런데 구한 사람이 한 달 일을 하고 가버렸다. 둘이 해도 힘이 드는 일을 나는 혼자서 그 많은 일을 다 해냈다.

전남에서 온 김대중이란 사람이 있었는데 한 달을 하고 가버렸다.

아침을 먹기 전에 쌀 10가마니를 배달해야 아침을 먹을 수 있었다. 그러니 얼마나 배가 고프겠는가? 아침에 일어나서 매일같이 그렇게 배달을 하고 나면 오전 10시가 된다. 그러면 안집에 들어가 반찬도 없는 밥을 먹고 나오는데 그때가 11시다. 아침마다 빈 가마니 장사가 오면 매일같이 빈가마니 20장씩 팔았다.

한번은 영하 10도 되는 날씨에 주인이 김포 쌀이 좋다고 해서 복사트럭으로 100가마니를 싣고 왔다. 그런데 가게가 자유극장 안 골목에 있어서 큰 차가 들어오지 못했다. 그래서 큰길가, 그 당시 여성회관 앞에 차를 받혀놨는데 나 혼자서 100가마니를 모두 어깨에 메고 날랐다. 가게가 높아서 한 줄에 15가마니씩 두 시간 만에 올려 쌓느라 죽을 뻔했다. 지금도 그날을 생각하면 어떻게 했는지 모른다.

무장공비 청와대습격사건을 보다

이제 나는 자전거를 잘 탄다. 쌀 2가마니쯤은 식은 죽 먹기고 3가마니 다섯 말까지 자전거에 싣고 다니던 때다.

경제기획원 식당에 쌀 5말짜리 자루 4개, 두 가마니를 싣고 가는 길이다. 쌀자루는 주둥이를 단단히 매야 한다. 그런데 내가 매는 쌀자루는 꼭꼭 매서 괜찮은데 박현국이가 맨 쌀자루인지 윤순자 아줌마가 맨 쌀자루인지 모르겠다. 자전거에다 착착 4자루를 실었다. 그 당시에는 태평로, 시청 쪽으로 자전거를 타고 못 가게 했다. 경제기획원은 광화문에 있었다. 그래서 신세계에서 을지로로 해서 광교로 해서 동아일보 옆으로 달렸다. 그때 쌀 2가마쯤이야 펄펄 날았다.

일열로 쌀 4자루를 싣고 남대문시장에서 나와서 신세계백화점을 지나 중국대사관 앞을 막 지나 정금사 앞을 지나는데 자전거에 실린 쌀자루 하나가, 그것도 맨 밑에 처음 올려놓은 쌀자루가 주둥아리 묶은 게 쓱 빠져서 쌀이 쫘악 쏟아지는 것이었다.

한 3,4 발자국정도 가다 자전거가 뺑 돌아가서 나는 자전거와 함께 나가 자빠지고 말았다. 그래도 차가 없어서 다행이었지 차가 달렸으면 나는 죽었을 것이다. 그때 나는 얼마나 놀랐는지 모른다.

저만큼 내동댕이쳐졌던 나는 아픈 몸을 툭툭 털면서 일어나 다시 쌀 5말짜리 3자루를 자전거에 실었다. 그때 마침 도로를 청소하는 청소부가 지나갔다. 쌀 5말을 길에다 뿌렸으니 길바닥이 완전 눈이 온 것처럼 하얗게 보였다. 그 청소부가 대빗자루로 쓸어서 자루에 담으니까 자루에 1/3쯤은 차보였다.

나는 5말짜리 자루 3개를 식당에 가져다주고 가게로 돌아와 “쌀자루 주둥이를 꼭 매야지 그렇게 허술하게 매서 죽을 뻔 했다”고 했다. 여사장님은 나한테 미안하다고 했다. 아마도 박현국이가 쌀자루 주둥이를 맨 것 같다.

나는 청운동 청운초등학교 앞에 중앙상사 사장집네로 자주 배달을 갔다. 청운동으로 배달을 간 그날은 1968년 1월 21일, 눈이 10cm쯤 왔다. 군인들이 자하문고개에서 인왕산 꼭대기까지 새까맣게 많았다. 중앙상사 사장네 집에 쌀 한 가마니를 배달해 주고 그 부근 밑에 오다가 리어카 포장마차에서 호떡을 사먹는데 그 리어카에 있는 조그만 라디오에서 청와대 옆까지 무장공비가 왔다는 뉴스가 나왔다. 그래서 군인들이 비상이 걸려 많이 온 거였다. 그날 북한군 무장공비 21명이 청와대를 습격하러 왔는데 19명은 사살되고 한 놈은 북한으로 도주하고, 김신조는 생포되었던 것이다. 그날 종로경찰서장은 무장공비 소탕작전을 벌이다 무장공비의 공격을 받아 그 자리에서 전사했다. 그해부터 민방위가 생겨났다.

박창배 아저씨는 술을 많이 먹어서 일을 못하고 여사장님이 가게를 본다. 내가 그곳에서 일한 지 3년 있다가 아저씨 박창배 씨가 돌아가셨고, 또 3년 있다가 할머니가 90세에 돌아가셨다. 그 집 형제는 6남매인데 현국(45년생 남자), 현수(48년생 남자), 현민(50년생 남자), 연숙(54년생 여자), 연선(56년생 여자), 현용(60년생 남자) 등 4남 2녀였다.

형님을 위하는 마음

1968년부터 1971년 사이 내가 24살이 될 때까지 나는 쌀가마니하고 씨름을 하면서 살았다. 윤순자 아줌마는 나한테 잔소리 한 번 안 했다. 어쩌다 그 집 아들 박현국이 뭐라고 한마디씩 할 뿐이었다. 아줌마는 나를 보고 "우리 김기성이는 정말 일을 잘한다."고 늘 칭찬했다.

경기도 포천시 일동면 사직3리, 초미에서 사당말을 지나 장아리란 동네에 명성이 형님이 농사를 지으며 살았다. 그런데 가마니가 귀해서 내가 일하고 있는 남산상회에서 쓰고 남은 빈가마니를 좋은 것만 골라서 종로5가에 세기화물에 가서 시골로 부쳐드렸다.

내가 운임을 선불로 주면서 10년 동안은 부쳐드린 것 같다. 그뿐만 아니라 구정 때나 아버지 제사 때인 4월 28일, 그리고 추석이 올 때마다 몇 만원씩 형님을 가져다 드렸다. 그때 내 봉급이 몇 만원은 큰돈이었다.

그래서 장아리 동네의 형님네 집 앞 상구네 할머니와 동네 사람들은 미란네 막내삼촌 덕분에 부자가 됐다고 말을 했다. 미란이는 형님의 딸로 장조카딸이다.

나는 가마니뿐만 아니라 양수기, 호수, 쌀자루 등을 매번 내

차로 실어다드렸다. 그래서 명성이 형님은 농협 돈 하나 안 쓰고 빚 하나 안 내고 살았다고 한다. 7,80년대 그 당시에 초치미, 사당말, 장아리 동네에서 빚을 안 진 집은 김명성네 집밖에 없다고 소문이 났단다.

불이 난 대연각호텔을 목격하다

1971년 12월 24일 아침 9시 40분, 쌀가게 근처에서 큰 불이 났다. 대연각호텔에서 불이 난 것이다. 1층 커피숍에서 시작된 불이 소방차 수백 대가 와도 끄지 못해 계속 탄다. 서울시내 소방차가 300대가 와도 모자라서 인천소방차 수십 대가 더 왔다. 그래도 불을 끄지 못한다.

대연각호텔은 빨갛게 불이 붙었다. 12시 정오가 지나 오후 1시, 2시가 되어도 불길을 잡지 못한다. 한국은행 앞, 퇴계로……. 차량들도 못 지나간다.

나와 정동희는 쌀배달을 가야하는데 교통이 통제라 놀고 있다. 그래서 나는 대연각호텔 불구경을 갔다. 퇴계로 대연각호텔

앞에 육교가 있었다. 그 육교 밑에서 소방차와 헬기 수십 대가 날아다니며 인명을 구조하는 것을 보았다. 대연각호텔은 연기가 진동해서 보이지 않는다.

대연각호텔 22층에 나이트클럽이 있었다. 나는 육교 밑에서 똑똑이 보았다. 오후 3시쯤 도저히 불길이 잡히지 않자 밤새도록 술 마시고 춤추며 놀다 새벽에 잠이 들었던 아가씨들이 살려달라며 악을 쓰고 뛰어내리는데 눈 뜨고 못 볼 광경이었다.

그 높은 빌딩에서 뛰어내려 인도에 떨어진 아가씨들, 피를 튀기며 캑캑하고 죽는 수십 명을 두 눈으로 똑똑히 보았다. 아가씨들뿐만 아니라 남자들도 무수히 떨어져 죽는다.

그때만 해도 인명구조장비가 제대로 갖춰지지 않아서 헬리콥터가 내려주는 밧줄 한 가닥을 잡고 키 큰 사람이 매달려 중앙전화국 신축공사장 위를 날아가다가 손에서 밧줄이 쑥 빠지니까 떨어져 죽는 것을 보았다. 비행기는 그냥 날아가 버리고 수십 미터 아래로 떨어져 죽는 것을 보았다. 헬리콥터가 구해줘 칼빌딩[18] 옥상에 안착한 사람은 한 2명밖에 안 되는 것 같다.

24일 오전 9시 40분쯤 불이 났는데, 26일 밤 9시에 완전히

18) 지금의 한진해운빌딩

꺼졌으니까 3일 동안 불이 난 것이다. 그래서 3일 동안 교통이 통제돼 쌀 배달을 할 수 없었다.

그때 대연각호텔 화재로 316명이 사망했는데 그 당시 서울 시장이었던 김현옥의 아들도 그 호텔에서 사망했다. 그중 중국 사람이 1/3정도 되었고 병원에서 치료를 받다 죽은 사람까지 해서 400여 명이 죽었다고 한다.

쌀가마니 메고 12층을 단숨에

내 나이 스물네 살, 이제 나는 자전차를 잘 탄다. 자전차를 튼튼히 만들어서 쌀 3가마 5말씩을 싣고 다녔다. 내가 자전거를 자전차로 말하는 것은 그 당시에는 자전차가 사람이 타는 도구가 아니라 물건을 실어 나르는 차의 용도였기 때문이었던 것 같다. 내가 자전차에 최고로 많이 실어본 것은 쌀 3가마니 8말을 실어본 것이었다.

지금 이렇게 말하면 누가 믿을까마는 사실이다. 지금은 중림동에서 식당을 하고 있는 송기조라는 친구가 있다. 그 친구 역시 남대문시장에서 쌀을 제일 많이 파는 대남상회(주인 최명식)에서 일하고 있었다. 그 집은 하루에 쌀 80가마니, 100가마니

를 파는 대상이었다. 대남상회에 근무하던 송기조도 나처럼 자전차에 쌀 3가마니 5말씩을 싣고 다녔다. 그 당시 나는 남산상회에서 하루에 쌀 20가마니씩을 배달했다. 정말 힘들어서 밤이면 녹초가 됐다.

기억에 남는 일은 한번은 을지로에 지금의 동양투자금융이라는 간판이 붙은 건물이 있다. 그 건물을 짓기 전에 그 자리에는 국민은행이라는 12층 건물이 있었다.

그 건물 구내식당이 12층에 있어서 쌀 2가마니를 싣고 가서 매번 엘리베이터를 타고 올라가는데, 그날은 마침 전기가 나가서 엘리베이터가 운행되지 않았다. 그 시절에는 자주 전기가 나갔다. 그날도 전기가 나갔는데 밥하는 아줌마가 빨리 쌀을 가지고 오라고 난리를 쳤다. 그래서 나는 한가마니씩 어깨에 메고 12층을 단숨에 올라가 가져다주었다. 그랬더니 아줌마가 깜짝 놀라며 “어떻게 올라왔느냐?”고 묻길래 “내 발로 걸어왔다.”고 말했다. 내 말을 들은 아줌마는 나를 보며 대단하다고 말했다.

눈길에 넘어지다

그때가 겨울이었다. 남대문시장은 천정이 덮여있어서 눈이 오는 줄 몰랐다. 그날도 기업은행 구내식당에 쌀 3가마니를 배달해야 했다. 눈이 오면 길이 미끄러워 자전거 타기가 힘들었다.

쌀 3가마니를 자전차에 싣고 남대문시장을 나오니까 눈이 발등에 폭폭 묻혔다. 남대문시장 퇴계로 입구에서 나와 지금의 우리은행 본점 좌회전을 하다가 넘어졌다. 아침 6시에 배달을 나와서 6시 20분쯤 되었는데 그만 넘어졌던 것이다.

밧줄을 풀어서 다시 두 가마니는 실었는데 또 한 가마니는 힘에 부쳐서 절대로 못 싣겠는 것이다. 그래서 하는 수 없이 두 가마니는 자전차에 싣고 한 가마니는 눈구덩이 속에 쌀가마니를

놔두고 을지로로 싣고 가서 기업은행 8층에 메어다 주었다. 그리고 돌아오니 어느 놈이 쌀가마니 안 가져가고 그대로 있었다. 그래서 다시 한 가마니를 자전차에 실어서 기업은행 8층 구내식당에 가져다주었다. 기업은행은 엘리베이터가 있었지만, 무거워서 고장날까봐 그런지 절대 쌀가마니를 엘리베이터에 싣게 하지 않았다. 그래서 건물 밖에 있는 비상계단으로 8층까지 걸어 올라가야만 했다.

내가 쌀을 배달하는 곳 중에는 국민은행은 12층, 기업은행은

8층, 조흥은행은 3층에 구내식당이 있었고, 그 당시 3, 5, 7, 8, 12층 등 높은 건물에 쌀가마니를 어깨에 메고 올라서 가져다주어야 했지만 그렇게 힘 드는 줄은 몰랐다.

명동길에서 쌀 3가마니를 싣고 손 놓고 만세를 부르며 자전차를 타고 다니던 시절이 그립다. 쌀 3가마니 5말이면 280kg으로 60kg밖에 안 나가는 내 몸무게로는 대단한 힘이었다.

동료의 사고와 도둑맞은 쌀

1970년 윤순자 사장아줌마는 나와 같이 일할 사람을 구했다. 전라북도 정읍 신태인면에 살던 정동희라는 사람이 왔다. 나이는 47년생으로 나보다 한 살이 적은 사람이었다. 같이 일을 하다 보니 자전차도 잘 타고 일도 잘 했다. 둘이 서로 마음이 잘 맞아 한결 일이 쉬웠다.

그런데 어느 날 쌀가게 내에서 돌 고르는 석발기에다 돌을 고르다가 돌아가는 피대[19]에 정동희의 다리가 휩쓸려 들어가서 무릎 밑의 다리가 뚝 부러지고 말았다. 아줌마도 없고 박현국이도 없고 우리 둘이 잘한다니까 모든 것을 믿고 맡긴 결과로 생긴 일이었다. 그래서 그날따라 아줌마와 아들은 가게를 비우고

19) 넓쩍한 가죽으로 된 벨트

▲ 쌀의 돌을 고르는 기계, 석발기

아무도 없는데 큰 사고가 나고 만 것이다.

그때가 낮 12시가 다 되어 가는데 큰일이 났다. 동희가 왼쪽

다리가 똑 부러져서 복도에 털썩 주저앉는 것이었다. 내가 어쩔 줄 모르면서 그의 다리를 만지니 다리가 빙빙 돌아갔다.

"만지지 마."

동희는 만지지 말라며 악을 쓰는데 정말 큰일이었다. 나는 동희를 업고 여성회관 건너 가까운 자생병원으로 갔다. 자생병원에 들어갔더니 병원 원장이 하는 말 "여기서는 치료가 안 되니 빨리 큰 병원으로 가세요."라고 했다.

나는 그 무거운 정동희를 업고 한 손으로 동희의 엉덩이를 부여잡고, 한 손으로는 부러진 다리를 들고 다시 길가로 나와 택시를 잡아타고 큰 병원으로 갔다. 그런 일을 당해 본 적이 없어 당황스럽고 병원 이름도 위치도 몰라서 어디로 가야할지 난감했다.

택시를 타고 명동성모병원으로 갔다. 다행이 내 주머니에는 택시비 정도는 있었다. 그런데 병원에 가보니 보증금을 내야 입원할 수 있다며 응급실에 아픈 사람들 그대로 둔 채 진료를 봐주지 않았다.

그래서 나는 가게에다 전화를 했다. 윤순자 사장아줌마가 전화를 받았다. 아줌마는 곧장 택시를 타고 20분 만에 명동성모병원에 도착했다. 그리고 보증금 3만원을 내주며 입원 수속을 밟았다. 그래서 정동희는 명동성모병원에서 입원해 치료할 수 있었다.

다행히 정동희는 치료를 할 수 있었는데, 그렇지만 내가 문제였다. 정동희가 없으니 모든 일이 내 차지가 되었다. 힘이 들어 죽겠지만 그래도 열심히 했다. 그리고 가끔 정동희를 보려 면회를 갔다.

어느 날 저녁인가 5시가 넘어서 쌀 5말과 누른 보리쌀 2말을 자전차에 싣고서 스카라극장 골목의 청엽식당으로 쌀 배달을 가던 중에 잠깐 명동성모병원에 들려 정동희를 보러 갔다.

자전차를 명동성모병원 앞 길가에 받쳐놓고 쇠사슬로 잠근 채 병원에 들어가서 정동희랑 30분 정도 이야기하다 나오니 어라, 자전차에 실려 있던 쌀이 없어졌다. 도둑을 맞은 것이다.

어느덧 그해 겨울이 지나고 봄이 왔다. 정동희는 다리를 깁스한 지 3개월 만에 다 나아서 돌아왔다. 그동안 나는 나 혼자서 그 많은 일을 다 해냈다.

그런데 고마운 일은 내가 '동희를 면회하다가 쌀을 잃어버렸다.'고 하니까, 주인인 윤순자 아줌마는 "할 수 없지 뭐."라고 하더니 그 이후로 한마디도 그 이야기를 하지 않았던 것이다. 참으로 고마운 일이다.

자전차를 도둑맞다

또 다른 이야기다. 충무로 스카라극장 골목에 '진고개'란 한정식 식당이 있었다. 큰 식당인데 장사가 엄청 잘 되었다. 하루에 쌀 한 가마니씩 밥을 해서 팔았다.

진고개 식당 사장은 뚱뚱하고 덩치가 큰 사람이었다. 그런데 그 사장은 의심이 많아서 우리 가게에서 쌀의 무게를 달고 자기네 가게에서 또 쌀의 무게를 재보는 사람이었다.

하루는 쌀 한 가마니를 싣고 배달을 갔다. 자전차를 진고개 식당 앞의 인도에 세워놓고 들어가 진고개 사장한테 "쌀을 가져왔으니 달아보라."고 말하고 밖으로 나왔다.

그랬더니 방금 세워놓았던 자전차가 온 데 간 데 없이 보이지

않았다. 자전차를 잃어버린 것이다. 우리 자전차는 비싼 돈을 들여서 앞에 철근을 덧대어 튼튼하게 만든 자전차로 쌀을 3가마니 반이나 실을 수 있는 자전차인데 말이다.

하는 수 없이 버스를 타고 가게로 돌아와서 윤순자 사장한테 자초지종을 이야기하며 자전차를 잃어버렸다고 말했다.

그랬더니 사장아줌마는 "잘하지 그랬어. 어떻게 자전차를 잃어버렸어?"라고 한 마디 하고는 야단도 치지 않고 다시는 두말하지 않았다. 그래서 나는 남의 실수에 대하여 그렇게 용서할 줄 아는 사람이 되었다.

잊지 못할 크리스마스이브

1971년 겨울, 윤순자 사장아줌마는 나에게 자전차포에 가서 새로 자전차를 만들라고 하셨다. 그 당시 그런 자전차를 만들려면 45,000원은 주어야 했다. 그런데 윤순자 아줌마는 내게 아무런 원망을 하지 않으셨다.

당장 자전차가 있어야 배달을 하는데, 그런 튼튼한 자전차를 만드는 데는 빨라도 이틀이 걸린다고 한다. 이틀 동안 쌀을 배달해야 하는데 고민이었다. 궁리 끝에 남대문시장에서 일하는 지게꾼을 시켜서 운임을 주고 배달을 시켰다.

윤순자 사장아줌마는 내가 쌀을 잃어버려도, 자전차를 잃어버려도 한마디 하고 나면 두 번 다시 말을 하지 않았다. 나도 잘

하니까 아줌마가 나를 믿고 내가 혼자 가게를 볼 때가 많았다.

금고를 열어놓고 장사를 하는데 금고 안에는 수십 만 원이 들어있었다. 그래서 나는 가끔 담뱃값을 가져갔다. 저녁에 가게 문을 닫으면 정동희와 가끔씩 아는 대폿집에 가서 술을 한 잔씩 거나하게 마셨다. 그때는 삼겹살이라는 게 없었다.

12월 24일 크리스마스이브 날, 주인 윤순자 사장아줌마는 그날 저녁에 가게 문을 닫고 둘이 가서 술 한 잔씩 하라며 2,500원을 주셨다.

그날 저녁 우리는 명동에서 밤새도록 떡이 되게 술을 마시고 택시를 타고 남산팔각정에 올라갔다가 택시를 타고 집에 새벽 5시 쯤에 집에 들어왔다. 매일 통행금지가 있다가 크리스마스날은 통행금지가 없는 날이니까 젊은 우리들에게는 너무나 좋은 날이었다.

다음날인 25일은 크리스마스 날이었다. 새벽 6시에 쌀 배달을 나가야 하는데 술이 취해서 자전차를 탈 수가 없었다. 그래도 어찌어찌 해서 억지로 배달을 했다. 그날 밤에 정동희는 택시를 타고 남산에 올라갔다가 옷을 벗어서 내던져버렸다. 그는 술을 얼마나 많이 마셨는지 세상에 아무것도 기억나지 않는다고 했다. 그렇지만 아침에 들어온 지 1시간밖에 안 되는 나는 술을 똑같이 먹었지만 그래도 일어나 배달을 했다.

술을 너무 많이 먹어서 죽을 것만 같았다. 아무것도 못 먹겠는데 그래도 사과는 먹을 수 있어서 두 개나 먹었다.

3부
폐허 위에 꽃을 피우다

독립을 하다

1974년 봄이 왔다. 내가 윤순자 아줌마의 쌀가게에서 일한 지도 어느 덧 8년이 지났다. 이제는 나도 내 장사를 해봐야 할 때가 아닌가 하는 마음을 먹고 윤순자 아줌마한테 말했다.

"이제 저 그만할래요."

윤순자 아줌마는 펄쩍 뛰었다.

"왜? 봉급이 적어서 그래? 니가 그만두면 나는 어쩌라고, 너만한 사람을 구할 수가 없어!"

윤순자 아줌마는 낙담한 표정으로 내게 말했다.

"장사를 해보려고요."

내가 말했다.

"무슨 장사를 하려고 그러는데?"

윤순자 아줌마가 궁금해 하며 물었다.

"가게를 해보려고요."

내가 식료품점을 한다고 하니까 윤순자 아줌마는 가지 말라고 나를 붙잡지 못했다.

"니가 나가면 정동희 혼자 일해야 하는데 걱정이 태산이네.

그동안 정말 열심히 일해주어서 고마웠어."

그렇게 말하며 그동안 고마웠다며 나머지 봉급을 챙겨주었다.

나는 신촌 지나고 모래내로 가기 전 장승백이 쪽으로 큰 길에서 500m 쯤 되는 곳에 가게를 차렸다. 그 건물은 새로 지은 3층 건물로 점포 6개가 있었다. 나는 그 중에 하나를 얻었다.

1974년 4월에 나는 남산상회 윤순자 아줌마네 쌀가게를 그만두고 보증금 20만 원에 월세 2만 원짜리 가게를 얻어 5월에 입주했다.

그리고 내부수리를 하고 맥주, 소주, 사이다, 환타, 휴지, 하이타이, 세숫비누, 칫솔, 치약 등 어려 가지 물건을 진열했다.

연탄가스를 마시다

그렇게 해서 1974년 6월에 우리 건물의 점포 6개가 모두 입주되었다.

그 당시는 연탄가스 중독사고가 자주 일어나던 때였다. 그래서 나는 옆 가게 아줌마를 보고 부탁을 했다.

"아줌마 혹시 내가 늦게까지 문을 안 열면 연탄가스를 마셨을지도 모르니 문을 두드려보세요."

옆 가게는 부부가 장사를 했고 그 여자는 임신 중이었다. 그런데 장사를 시작한 지 며칠 안 돼서 그 여자가 연탄가스를 마셔서 병원에 갔다가 왔다.

나는 남산상회 앞에서 장사를 하는 만리동 아줌마의 아들 소

개로 이곳으로 와 가게를 시작하게 된 것이다. 우리 건물의 집주인은 2층에 살았다. 만리동 아줌마의 아들은 내 친구였다. 그 당시 중부경찰서 서장 지윤하의 아들 지효식과 만리동 아줌마의 아들과 나는 삼총사였다.

처음 시작한 가게였지만 장사는 그런대로 되었다.

1974년 6월 6일, 그날 아침에 일어나는데 머리가 아프더니, 하루 종일 머리가 아팠다. 내가 연탄가스를 마셨던 것이다. 가게에다 연탄불을 피우고 그 위에다 물 빠게스를 얹어 물이 뜨거

워지면 아침에 세수를 했다. 그런데 연탄불을 피운 채 가게방에서 잤더니 연탄가스를 마셔 골이 아팠던 것이다.

오늘은 다락방에서 잔다고 하고 그날 저녁 옆집 사람들이 와서 맥주를 마셨다. 그때는 통행금지가 있을 때여서 가까운 사람들끼리 우리 가게에서 한 잔 하는 것이 큰 즐거움이었다.

6월 6일 저녁, 밤 10시가 넘어 11시가 될 때까지 맥주 서너 병을 마셨다. 밤 11시 40분쯤은 되었을 것이다. 그들은 가지 않고 또 맥주를 달라고 했다. 그래서 맥주를 내주었다.

나는 연탄가스를 마셔서 하루 종일 머리가 아프다가 오후 5시쯤 되니 좀 나은 것 같았다. 그래서 오늘은 좀 일찍 자려고 했는데 손님이 하루 종일 가지 않고 술을 마셨다. 그렇게 그들은 밤 12시 40분이 되어서야 맥주 값을 계산하고 나갔다.

나는 그때서야 더운 물로 세수를 하고 발을 닦고 다락방에 올라가 누웠다. 시계를 보니 밤 1시 10분이었다. 그때 나는 잠을 자기 시작해서 깨어나지 못했다.

그 다음은 일주일 후의 이야기다.

김기성이는 아침 5,6시면 꼭 일어나 가게 문을 여는 사람인데 이상하게 가게 문이 안 열리더라고 했다. 그래서 6시가 지나고 7시가 지나서 8시가 되어도 문이 안 열더라고 했다.

그래서 만리동 아줌마의 아들과 지윤하 중부경찰서장의 아들, 둘이서 2층에 올라가서 주인한테 김기성이가 문을 안 연다고 했다.

친구 놈들 둘과 집주인 등 세 명이서 가게 문을 빠루로 어겨서 부수고 들어와 보니 가게에는 사람이 없었다. 그래서 가게 다락방에 올라가보니 김기성이 쭉 뻗어서 죽었더라고, 연탄가스를 마시고 입에 거품을 물은 채 죽어있더라고 했다.

그렇기 나는 죽었었다. 손발은 언제 죽었는지 모르게 얼음장이 되어 있었다. 아니 숨이 미세하게 붙어 있었다.

연탄가스를 마시기 전날 나는 가게에 물건이 덜 넣은 데가 있어서 6월 5일에 남대문 한일은행에 가서 30만원을 찾아다 가방 속에 넣어두었다. 그런데 지효식 이놈이 내 주소를 찾는다고 가방을 뒤지다가 가방에서 돈이 나오니까 내 돈으로 택시를 타고 다니며 면목2동에 사는 우리 누나를 찾아냈다. 30만원 중 10만원은 집주인을 주고, 20만원은 쓰고 다닌 것이다.

나중에 내가 깨어나고 한 2주 쯤 되니까, 주인이 그런 말을 해주었다. 나는 그때까지 그런 사실조차 몰랐다. 집 주인이 하는 말이 지효식이가 김기성이 돈이라며 10만원을 주더란다.

나는 중부경찰서장인 지윤하한테 그 돈을 달라고 했다. 그러니까 지윤하는 지효식한테 받으라고 했다. 그래서 그 돈을 떼이고 말았다.

구사일생(九死一生)

내가 연탄가스를 마셨을 때 집 주인은 많이 놀랐다고 했다. 그때는 세든 사람이 연탄가스를 마셔 죽게 되면 구속이 되던 때라 집 주인은 눈이 뒤집혀 정신이 하나도 없었다고 했다.

그래서 집주인은 나를 업고 우리 건물 바로 앞에 있는 산부인과로 달려갔다. 그랬더니 산부인과에서는 "이런 병은 치료할 수가 없다."며 "안 된다."고 해서 산부인과를 나왔다. 집주인은 거의 죽어가는 나를 업고 모래내 다리 부근에서 택시를 잡는데 오전 8시가 넘는 출근시간이라 빈 택시가 없어서 택시를 잡을 수가 없었다.

시간은 자꾸 흘러가는데 세 사람 중 한 사람이 택시를 가로막았다.

"급한 환자가 있어서 그러는데 병원으로 이송을 해야 하니 양보를 해주시면 안 되겠어요."

한 사람이 택시에 탄 승객에게 그렇게 말했다.

"얼른 병원에 가보세요."

택시에 탄 승객은 이해를 해주며 택시에서 내려주며 양보를 해주었다.

다 죽어가는 나를 태운 영업용 택시 운전사는 쌍라이트를 켠 채 클랙슨을 울리며 달렸다. 이를 본 교통순경이 적색등이 켜져 있는데도 양쪽 차량을 세우고 우리 택시를 빨리 보내주었다.

그래서 나를 태운 택시는 신촌 세브란스병원에 도착했다. 연탄가스를 마신 사람은 산소호흡기에 들어가야 하는데, 남은 산소호흡기가 없고 당시 그 병원에는 연탄가스를 마신 사람이 많아서 산소호흡기가 다 차서 들어갈 데가 없다고 했다. 그러면서 지금 빨리 가면 서대문 적십자병원에 산소호흡기 한 대가 남아 있으니 빨리 가보라고 했다.

그래서 나를 실은 택시는 또다시 신촌 세브란스병원에서 아까처럼 클랙슨을 울리며 적색등을 무시하고 달려서 서대문 적십자

병원에 도착했다.

신촌 세브란스병원 의사의 말대로 적십자병원에는 산소호흡기가 한 대 남아 있어서 내가 들어가게 되었다. 그런데 1분 후에 다른 가스중독 환자가 왔는데 그 환자는 산소호흡기가 없어서 5

분 정도 머뭇거리다가 숨져서 시체실로 들어갔다고 했다.

이 모두가 내 친구 정동희가 보고 해준 말이다.

적십자병원으로 달리던 택시의 그 시간, 1분만 늦었더라면 나보다 그 사람이 먼저 왔더라면 나는 갈 데가 없어서 죽었을 것이다. 사람들은 모두 나를 보고 천명이라고 하고 천운이라고 했다.

병원에서 하는 말이 나는 3일 동안 완전히 죽어있었다고 했다. 4일 만에 깨어나 보니 어머니, 누님, 형님 등 가족들이 모두 오셔서 안타깝게 지켜보고 계셨다. 그래도 지효식이가 누님을 찾아서 모두 연락이 되었던 것이다. 돈은 날아갔지만 애쓰게 찾아다니며 누님을 찾아줘서 고맙다.

깨어나 보니 나는 침대에 팔다리는 무론 입까지 묶여져 있었다. 나는 다음 날 퇴원을 한다고 했다. 그랬더니 병원에서는 안 된다고 했다. 그래서 나는 3일 만에 퇴원을 했다.

새로 시작한 가게라서 하루라도 빨리 가게를 열어야 한다는 게 내 생각이었다. 그래서 다른 사람보다 일찍 퇴원해 병원에서 계단을 내려오는데 다리가 후들거려서 간신히 내려왔다.

내가 연탄가스를 마시던 날 아침, 때마침 출근시간이라 수많은 사람들이 나를 보았는데 열 사람 백 사람 모두들 병원에 가도 못 산다고 했단다.

병원에서 돌아와 가게를 열고 있는데 한 사나흘 지나니 어떤 할아버지가 와서 나를 보고 물었다.

"여기 저번에 연탄가스를 마시고 병원에 실려 간 사람은 어떻게 됐나요?"

그러면서 그 노인은 한마디 더 했다.

"내가 보니 그 사람은 병원에 가도 살기가 힘들겠던데……."

그렇게 말하기에 내가 한마디 했다.

"내가 병원에 갔다 온 그 사람이에요 할아버지."

내 말에 그 노인은 깜짝 놀라며 '다들 병원에 가도 못 산다.'고 했다.

그 해 여름, 나는 그렇게 죽었다가 다시 살아났다.

약혼을 하다

1974년 6월 10일에 서대문 적십자병원에서 퇴원해 가게에 와보니 가게는 엉망진창이었다. 가게 문은 부서지고 열려 있었고, 곳곳에는 있어야 할 물건도 없어지고 보이지 않았다. 방은 누가 다 뒤져서 엉망이 되어 있었다. 지효식이 우리 누나의 주소를 찾는다며 뒤졌다고 했다.

생전처음 내 사업을 시작한 지 한 달 만에 가게를 그만두었다.

어느 덧 가을이 되었다. 연탄가스를 마셨던 내 몸은 언제 그랬느냐는 듯 거의 100%로 회복되었다.

외숙모께서 나를 보고 선을 보라고 했다. 그때 내 나이는 29살이었다. 나는 추석이 지나 10월쯤에 선을 보기로 했다.

강원도 철원군 근남면 잠곡리 방화동마을, 그곳에는 외삼촌댁인 외숙모가 살고 있었다. 그 외숙모가 중매를 하셨다.

어느 가을날 나는 외숙모가 계신 방화동마을을 찾아갔다.

그리고 외숙모가 소개해준 아가씨와 맞선을 보았다.

그리고 나는 외숙모께 "결혼을 하자고 하면 외숙모께서 다 알아서 해주세요."라고 말하고 서울로 올라왔다.

한 20일이 지나고 나서 편지가 왔다.

그 아가씨와 선을 볼 때 분명히 말했었다.

“나는 손병신인데 나한테 온다면 결혼을 하고, 싫다고 하면 그만이에요.”라고.

아가씨 쪽에서는 결혼해도 좋다고 했다.

그래서 나는 또다시 방화동 마을로 갔다.

그리고 1974년 10월에 약혼을 했다.

나는 그때 직장이 없어서 또다시 남산상회 윤순자 사장아줌마가 할 일이 없으면 와서 일하라고 하셔서 남산상회로 들어가 일을 했다.

결혼하다

1975년, 어느덧 봄이 왔다. 음력 2월 20일 날로 결혼식 날을 받았다. 우리의 결혼식 날은 양력으로 4월 1일이었다. 방화동에서 전통혼례식으로 결혼을 했다.

결혼식을 올리고 일동 명성이 형님네로 오는데 눈이 얼마나 많이 오든지 차 윈도우를 닦아도 닦아도 앞이 보이지 않았다. 조치미로 해서 사당말로 해서 장아리 김명성 형님네서 하룻밤을 자고 다음날 서울로 올라왔다.

장인어른의 이름은 주석순, 신부 이름은 추춘리로 1954년생, 21살이었다.

그렇게 해서 내가 결혼을 했다. 남창동 190번지 한옥집 방 한 개를 50만원에 전세를 얻어서 신혼살림을 시작했다. 나는 남산상회 쌀가게에 계속 다니고 있었다.

1976년 1월이 되었다. 아내 주춘리가 1월 20일에 첫 출산을 했다. 아들이었다. 너무너무 예뻤다. 우리 세 식구는 재미있게 살고 있었다.

그런데 우리 세 식구가 살고 있는 집이 아랑호텔을 짓는다며 이사를 가라고 한다. 그래서 우리는 1975년 봄에 남창동 240번지에 전세 70만 원짜리 방을 얻어서 이사를 했다.

파출소에서 도망을 나오다

내가 서울특별시 중구 중림동 410번지에서 신안상회라는 쌀 장사를 시작한 지 한 6개월 쯤 되었을 때의 일이다. 바쁘게 장사를 하는 중 그 어느 날 명동으로 수금을 하러 갔다.

나는 사람이 많은 곳으로 자전거를 타고 다니다가 명동파출소에 걸렸다. 자전거 특별단속 강조 기간에 순경에게 걸린 것이다.

경찰 말이 직결재판소로 간다고 했다. 큰일이 났다. 단골이 수십 군데라 쌀 배달도 해주어야 하고 수금도 더 다녀야 하는데 정말 큰일이었다. 파출소 정문 앞에 자전거를 쇠사슬 자물통으로 잠그고 파출소로 들어갔다.

나는 급해서 죽겠는데 파출소 안으로 들어가 보니 붙잡혀 온 사람이 20여 명 쯤 있었다. "나는 쌀장사 하는 사람으로 배달을 해줘야 식당들이 밥을 할 수가 있어요. 용서해주세요."라며 내보내 달라고 아무리 사정해봐야 소용이 없었다.

바쁘니까 나는 빨리 다니느라고 쌍벨을 울리며 달리다가 순경한테 걸린 거였다. 사람 다니는 데서 타지 말라는 말이었다.

그래서 파출소 내에서 기다리는데 안 보내주었다. 두 시간쯤 있으니까 중부경찰서에서 철망으로 모든 창문을 막은 벙어리버스가 왔다. 파출소 앞에 벙어리버스를 대고 순경 하나가 감시를 하며 잡혀온 사람들을 하나 둘 하며 숫자를 세며 싣고 있었다.

파출소 앞길은 행인이 정말 많이 다니는 길이었다. 그때도 행인들이 많이 지나가고 있었다. 때는 이때다 싶어 나는 벙어리버스에 타라는 걸 행인들과 함께 휩쓸려 걸어갔다.

멀리 숨어서 보니까 순경들은 20명이어야 하는데 19명밖에 안 된다며 서로 싸우다가 버스가 중부경찰서로 떠났다. 중부경찰서에서 서부법원 건너 아현직결재판소에서 하룻밤 자고 재판을 받고 나온다고 했다.

벙어리버스를 타지 않고 도망을 나온 나는 한시가 바쁜 사람이라 버스를 타고 집으로 왔다. 나는 걸어 다니면서 수금을 했다. 가게에서도 할 일이 많았다. 내일 나갈 쌀도 챙겨야하고, 쌀의 돌을 고르는 기계 석발기에 그 많은 쌀을 부어 돌을 골라야 했다.

그 다음날 아침 9시 30분에 가서 파출소 문을 열고 순경한테 "재판 받고 왔어요."라며 "자전거 가져갑니다."라고 태연스럽게 말하고 쇠사슬에 묶여있는 자물쇠를 열쇠로 따고 자전거를 가지고 왔다.

다 망해 나간 가게에서

1976년 10월 1일, 국군의 날이라 차가 못 다니게 하는 바람에 기념식이 끝나고 오후 5시 30분에 이사를 왔다.

서울특별시 중구 중림동 410번지 신안쌀상회, 2평쯤 되는 가게. 가겟방에서 주거하고 살림한데, 가게 방은 두 사람밖에 못 잔다.

우리는 비좁은 가게에서 장사를 하는데 그 뒤 10m쯤 되는 거리에 경북상회라는 쌀가게가 있었다. 주인은 권오형, 60세 정도의 나이다.

그 권오형 씨는 나를 보고 하는 말 "그곳에 오면 1년도 못 살고 망해서 다 나갔기 때문에 너도 얼마나 하다 망해 나갈까?"했단다. 그런 권오형 씨는 하루에 쌀 두 가마니도 못 파는데 나는 쌀가게를 시작한 지 6개월이 넘어가자 하루에 5가마니 이상을 팔았다. 1년이 되니까 하루에 7,8가마니를 매일 팔았다. 그걸 보고 권오형 씨가 놀라서 "어떻게 그렇게 잘 하느냐?"고 칭찬을 했다.

중림동에 쌀가게 7,8개 중에 내가 쌀을 최고로 많이 팔았다. 매일 하루에 쌀 10가마니 이상씩을 팔았다. 그래서 1,2년 지나 최한택이란 계주한테 중림동, 남대문 일대의 쌀장사들 30여 명이 1년에 1,000만 원짜리 계를 했다.

신안상회 자리는 장사가 안 된다는 소문이 나있던 가게다. 사람들이 오는 족족 망해서 나가는 가게였는데, 나는 권리금도 없고 가게세도 싸고, 가게만 있으면 자신이 있다는 생각이 들어서 장사를 시작했다.

장사를 시작하자마자 하루 24시간에 4시간만 자고 20시간을 장사했다. 한 달에 하루도 놀지 않고 장사를 했다. 일요일, 공휴일, 토요일은 더 장사가 잘 돼서 눈코 뜰 새 없이 바빴다.

미도파백화점, 코스모스백화점, 명동지하상가, 조선호텔 앞 지하상가, 반도아케이트, 남대문시장, 새로나백화점, 회현지하상가,

충무로 음식백화점, 기쁜소리사 부근, 사보이호텔 뒤, 명동성모병원 앞 그림골목(그때 골목에서 그림을 파는 곳이 있었다), 중앙극장 옆골목……. 그곳들이 내가 자전거를 타고 거래처를 다니며 수없이 누비던 건물과 길들이다.

정말 거짓말처럼 밥 먹을 시간이 없었다. 엄마가 오셨는데 얼마나 바쁜지 "에미 죽어도 바빠서 장사 지내러 내려올 시간이 없어 못 오겠다."고 말씀하셨다. 그래서 내가 "그래도 가야지요."했던 기억이 새롭다. 정말 행복하던 시절이었다.

첫아들을 병으로 잃다

1977년 5월 중순께 17개월이 되어 막 뛰어다니던 아들이 병이 났다. 그래서 남대문 소아병원에 갔다. 소아병원 원장이 감기라고 해서 그냥 감기로만 알고 있었다.

며칠이 지났지만 아들의 병은 낫지 않았다. 또 다른 병원인 영등포 박소아과에 갔더니 큰 메리카센터병원으로 가라고 했다.

이 병원 저 병원, 서울시내 큰 병원이란 병원은 다 다녔다. 그런데 아들 진석이의 병은 날이 갈수록 낫지 않고 악화되어갔다. 어느덧 5월이 다 지나가는데 지금의 남산한옥마을이 있는 퇴계로 큰길 옆 중앙대학교부속병원 12층짜리 건물 병동 11층 11호실에 입원을 시켰다.

그런데 하루가 지나고, 이틀이 지나 일주일이 지다도 차도가 없었다. 담당 주치의인 박영복 의사가 말했다.

"결핵성뇌막염입니다. 뇌수술을 해봐야겠어요. 돈이 많이 들 겁니다."

"그토록 예쁜 아이가, 엊그제까지 막 뛰어다니던 아이가 그런 큰 병에 걸리다니……."

가슴이 찢어지는 것 같았다. 그렇지만 우리에게 돈이 없으니 정말 큰일이었다. 300만 원 정도가 든다고 한다. 아들 진석이는 이제 말도 못하고 울지도 않는다. 아무 것도 하지 않고 그냥 숨만 쉰다. 우리에게 300만 원이란 돈은 막대한 돈이다.

"수술을 해봐야 알지 앞날은 모르겠습니다."

박영복 의사의 말이다.

"안타까워서 그러는데요 제가 수술비의 반을 부담할 테네 그럼 150만원만 구해보세요."

그런데 150만원도 없다. 아니 그런 돈은 우리에게는 너무나 큰돈이다.

"여보. 마음이 아프겠지만 이번에 아이를 못 고치게 되면 또

낳으면 되니 너무 상심하지 말아요."

아내 주춘리도 울고 나도 울었다.

한 2주 쯤 지나자 하루는 의사가 와서 말했다.

"힘들 것 같습니다. 마음의 준비를 하셔야 할 것 같습니다."

그 말에 나는 아내 주춘리를 보고 말했다.

"우리 아이를 집으로 데리고 갑시다."

나는 집으로 아이를 데려가면 죽을 것이란 것을 뻔히 알고 있었지만 그래도 어찌할 방법이 없어서 데리고 가자고 했다. 그리고 보따리를 싸가지고 아픈 아이를 안고 나와 택시를 타고 집으로 왔다.

그렇게 첫아들은 1976년 6월 10일 밤 11시 20분에 숨을 거두었다. 우리 부부는 밤새 울었다.

그리고 그 다음날 일산에 있는 금촌공동묘지에 가서 아이를 묻었다. 그렇지만 그 아이는 평생 내 가슴에 묻혀 살고 있다.

하늘이 노랗고 땅이 까맣고 정신이 하나도 없었다. 일 하는 것도 귀찮고 아무도 반갑지 않았다. 한동안 내 정신이 아니었다.

스위치를 내린 주인

아들이 죽고 정신이 반쯤 나간 나는, 그런 와중에 집주인 여자가 얼마나 고깝게 구는지 죽이고 싶었다.

아이가 죽은 지 며칠이 안 돼서 친구들이 내 마음을 위로해준다며 저녁에 와서 민화투 놀이를 했다. 돈내기가 아니라 민화투로 그냥 놀이였다. 정동희, 조경완, 박현국 등 셋이 와서 놀다가 집으로 가려고 할 때쯤 집주인이 12시가 넘었다며 말도 없이 두꺼비집의 전기스위치를 내렸다.

그 집 막내아들의 이름은 이재성이었다. 재성이 엄마가 전기세가 많이 나온다며 스위치를 내린 것이다. 그래서 캄캄한 절벽이 되었다.

내 마음이 얼마나 아픈데, 그래서 친구들이 위로하러 온 것인데, 사방이 캄캄해서 아무것도 보이지 않았다. 성냥불을 켜서 친구들의 신발을 찾아 신겨 보냈다.

내가 가서 다시 스위치를 올려도 되고, 주인과 싸워도 되지만 너무 화가 나서 그만두고 어두운 방에서 그냥 자기로 했다.

그리고 그 다음날 아침에 주인아줌마에게 말했다.

"아줌마, 방 빼주세요."

그랬더니 재성이 엄마가 놀라며 물었다.

"어디로 가려고 그래요."

그래서 나는 강력하게 말했다.

"어디로 가든 묻지 말고 빨리 방 빼주세요."

그때 얼마나 화가 났는지 모른다.

진심으로 위로받다

그때가 추석 때라 아내와 나는 아침만 먹으면 놀러나갔다.

서울시내와 경기 일원으로 안 가는데 없이 다녔다. 용인 자연농원으로 해서 수원 민속촌으로 해서 한 두 달 동안 돌아다닌 것 같다.

이제 남산상회도 끝이다. 윤순자 아줌마도 오란 소리를 못했다. 나도 싫었다.

남대문시장에서 만난 친구가 있었다. 그 친구가 중곡동에서 쌀장사를 한다고 하기에 어린이대공원을 다녀오다가 중곡동 시장에 들렀다. 가보니 그는 중곡시장에서 쌀장사를 크게 하고 있었다.

대풍상회라는 간판을 걸고 가에서 쌀 수십 가마니를 쌓아놓고 장사를 하고 있었다. 그 친구의 이름은 김종군이었다. 나보다 3, 4살가량 덜 먹은 친구였다.

그 친구가 우리의 이야기를 듣고 안타까워하며 말했다.

“서로 위로해주며 살아야지 어떻게 하겠어요.”

그러면서 말했다.

“형은 쌀장사를 잘 하니까 쌀가게를 해봐요. 내가 가게 자리는 알아봐줄게요. 점심이나 먹고 가요.”

그는 따스한 말로 위로해주며 점심을 사주어서 먹고 왔다.

그런데 장사할 줄은 아는데 돈이 있어야 쌀장사를 할 것이 아닌가?

그 후 나는 돈이 없어도 쌀장사를 해보리라 마음을 먹었다.

김종군이 나를 위로하며 해준 말을 생각하니, 문득 이젠 살아야겠다는 생각이 들었다.

명성 형님이 소를 팔아서 주다

내가 근무했던 제일 첫 번째 쌀집, 서울 중구 회현동2가 71번지 홍진상회 최성오 사장이 그때 서울의 미곡조합장을 맡고 있었다. 그래서 찾아갔더니 최성오 조합장님이 나를 보고 반가워하며 좋아하셨다.

"저, 사장님 쌀장사를 하고 싶은 데요. 돈이 없어요."

내가 솔직하게 말씀드렸더니 사장님께서 말했다.

"중림동에 조그만 쌀가게가 나왔는데, 장사는 잘 안 되던 곳이야. 가볼 테면 가봐."

최성오 사장이 나에게 솔직하게 말해주었다.

그래서 중림동의 그 쌀가게를 가보았다. 말 그대로 장사가 잘

안 되는 자리였다.

그렇지만 내 생각에는 가게만 있으면 장사는 자신이 있었다. 문제는 돈이었다.

내 수중에 계약금을 만들어놓고 계약을 해야지 돈 없이 계약을 했다가 계약금만 떼이면 나만 손해란 것이 내 생각이었다.

그래서 나는 "돈을 구해야지."라고 생각했다.

어느덧 추석이 열흘 남아서 집이 나갔다. 집 전셋돈은 70만원밖에 안 되었다. 최성오 조합장이 말한 가게는 장사가 안 돼 권리금도 없고 보증금 100만원에 월세 2만원이라고 했다. 나한테는 딱 맞는 가게였다. 그러나 가게보증금 100만원을 맞추려면 30만원은 더 있어야 한다.

추석이 일주일밖에 안 남아서 나는 당장 시골 경기도 포천시 일동면 사직3리 장아리 동네에 사는 명성이 형을 찾아갔다. 형님도 안옥희 형수님도 우리 부부가 아들이 죽어서 마음이 안 좋다는 것을 알고 있었다.

나는 형님에게 말했다.

"형님, 외양간에 있는 소 팔아서 저 주세요. 쌀장사하게요."

그랬더니 형님은 두말 않고 말했다.

"그래, 추석 대목장에 팔아서 줄 테니까 추석날 와!"

형님은 1976년 추석날 소 판돈 100만원을 신문지에 싸서 주셨고, 나는 그 다음날로 서울로 왔다.

외상으로 시작한 쌀장사

나는 형님한테 소 판 돈을 받아가지고 서울로 올라왔다.

그때 우리가 얻은 가게자리는 장사가 잘 안되었다. 그렇지만 나는 자리만 있으면 장사에는 자신이 있었다. 1976년 10월 1일 우리 부부는 서울 중구 중림동 410번지 신안상회 2평 반 되는 가게의 두 명이 자면 그만인 가겟방에 자면서 쌀장사를 시작했다.

남창동 190번지의 방 보증금 70만 원도 받고, 명성이 형님이 소를 팔아주신 돈 100만 원으로 1977년 10월 1일 중림동 410번지로 이사를 해 처음으로 내 쌀장사를 시작했다.

처음에는 돈이 없어서 전화기도 놓지 못하고 장사를 했다. 쌀도 첫날 구매는 내가 아는 쌀도매상 최한택 사장한테 찾아갔다.

"사장님, 제가 처음으로 쌀가게를 하는데 외상으로 쌀 좀 주세요."

그러자 최한택 사장이 말했다.

"김기성이라면 10가마니라도 달라면 주지. 어서 가져다가 장사를 시작해보게."

"아니요. 10가마니는 너무 많고요. 우선 다섯 가마니만 외상으로 주세요."

그러게 해서 나는 외상으로 쌀5가마를 사서 쌀장사를 시작했다.

우리 가게에서는 쌀의 팔로가 거의 없었다. 그렇지만 나는 계획적이고 노력적으로 장사를 했다. 그래서 명동, 충무로, 코스모스백화점, 미도파백화점, 중앙극장 뒷골목, 성모병원 앞 반도아케이트, 명동지하상가, 회현지하상가, 새로나백화점 등에 자전차로 쌀 배달을 다녔다.

장사가 잘되다

이제는 딴 생각 없이 장사에만 신경을 썼다. 장사가 바빠지자 아들이 죽은 것에 대한 생각도 점차로 잊혀져갔고, 다른 생각은 아예 없이 오직 돈을 벌 생각만 머릿속에 가득했다.

하루 이틀 장사를 해보니 돈이 좀 벌리는 감이 들었다. 장사를 시작한 지 벌써 한 달, 그래서 392-5639번으로 전화기를 들여놓고 쌀도 많이 들여놓았다. 갑자기 한두 달 만에 부자가 된 기분이었다. 나는 더 열심히 장사를 했고 장사가 너무나 재미있었다.

1977년이 다 가고 1978년이 되었다. 단골을 잡고 또 잡았다. 거래처가 어느덧 100군데가 넘어가면서 매일같이 바빠서 어디를 가지 못했다.

코스모스백화점은 화요일이 휴일이었다. 그리고 미도파백화점은 수요일이 휴일이었다. 나는 일요일에 장사가 더 잘 되었다. 공휴일엔 백화점 장사가 잘되는데, 그 당시에는 돈을 온라인으로 보내는 시대가 아니라 아침에 쌀을 가져다주면 저녁 때 수금을 하러 다녔다. 그러니 얼마나 바쁜지 눈코 뜰 새가 없었다.

그러던 중 아내 주춘리가 1978년 3월 4일에 아들을 출산했다. 이름을 김진태라 지었다. 장사도 잘되고 잘되고 아들을 낳으니까 얼마나 기분이 좋은지 그때 나는 날마다 열심히 일을 했다.

1980년 12월 5일에 주춘리 아내가 또 딸내미를 출산했다.

1982년에는 얼마나 바쁜지 주춘리의 남동생을 오라고 해서 쌀 배달을 시켰다.

그때 나는 하루에 4시간만 자고 20시간을 일했지만 피곤한 줄을 몰랐다.

지금 생각해도 그때가 그립다.

교통위반

장사가 잘 되어 너무나 바빴다. 하루는 가게에 눌린보리쌀(압맥)이 없어서 125CC 오토바이를 타고 다른 쌀가게로 눌린보리쌀을 사러 가는 중이었다.

아현고가차도 아현파출소 옆을 지나는데 순경이 인도로 오토바이를 타면 교통위반이라며 잡는다.

순경이 오토바이 키를 뺏어서 파출소로 들어가자고 한다. 나는 하는 수 없이 파출소로 따라 들어갔다. 파출소 안으로 들어가 보니 오토바이 타는 사람, 리어카 끄는 사람, 자전거 타는 사람 등 한 20여 명이 넘게 잡혀와 있었다.

순경이 책상 앞에 앉더니 나한테 말을 물으려고 했다. 나는 순경한테 "화장실이 어디요?"라고 물었다. 순경이 저쪽이라고 하는데 또 물었다. "화장실이 어디에요?" 그리고 순경의 어깨를 탁 쳤다. 그리고 그 순간 눈으로 신호를 했다.

그리고 나는 화장실로 들어갔다. 한 3분 뒤 순경이 화장실로 들어왔다. 나는 미리 돈을 준비해 놨다. 순경이 "왜 그러느냐?" 고 묻는데 나는 순경을 데리고 대변기 안으로 들어가서 문을 잠그고 3,000원을 주었다. 그랬더니 순경이 한참 있다가 나오라고 했다.

그래서 한 3,4분 있다가 나와서 보니 순경이 책상 위에 오토바이 키를 놓아두었다. 그래서 순경이 보는데 오토바이 키를 가지고 나왔다.

부자가 되다

100군데가 넘는 내 단골의 거래처는 대부분 식당이었다. 거래처 식당들 중에는 하루에 쌀 한 가마니를 쓰는 집에서부터 5말을 쓰는 집, 심지어 4kg을 쓰는 집도 있었다.

그 많은 거래처에 아침에 쌀을 가져다주고 오후 1시부터 밤 12시까지 수금을 다녔다.

집에 들어왔다고 바로 씻고 잘 수 있는 게 아니었다. 내일 아침에 배달 나갈 그 많은 식당의 쌀을 분배해놓아야 아침에 배달을 가기가 쉬었다. 석발기에 돌을 골라서 100여 군데의 쌀을 분배해놓고 나면 밤 2시가 되기 일쑤였다.

모두 내가 택한 일이기 때문에 누구에게 하소연을 할 수가 없

었다. 그렇다고 아침에 늦게까지 잠을 잘 수도 없었다. 새벽 4시면 일어나서 배달 갈 준비에 바빴다. 거래처에 새벽 5시까지 가야하는 곳이 있었기 때문이다.

새벽 5시까지 가져다주어야 하는 집이 있고, 6시, 7시, 8시, 9시, 11시 등 거래처마다 가져다주어야 하는 시간이 달랐다. 거래처의 시간을 맞추다보니 저녁에 수금을 하는 시간도 각자 다 달랐다.

내가 신안상회를 차려서 쌀집을 한 지 어느덧 25개월이 지났다. 돈을 조금 벌은 것 같다.

중림동 509번지 이정선 집주인이 집을 판다고 했다. 대지는 21평, 평당 100만 원씩 2,100만 원을 주고 집을 샀다. 처음에 형님께서 소를 팔아주신 100만 원과 전셋집 뺀 돈 70만 원 등 170만 원밖에 없던 내가 25개월 만에 2,100만원을 벌어서 집을 산 것이다. 내가 그 한옥 집을 산 것은 1979년 10월 5일이었다. 방이 세 개였다.

중림동 410번지에서 한 500m쯤 떨어진 중림동 509번지 내가 산 내 명의의 우리 집으로 1980년 7월 5일 이사를 했다. 그리고 대문간 방을 가게로 만들었다. 가게를 넓혀서 쌀 100가마니를 쌓을 수 있게 만들었다.

이제는 그 누구도 부럽지 않다. 집세도 안 내고 하루에 쌀 10가마니씩을 팔았다. 그래서 나는 매일 10만원씩을 벌었다. 그 당시 매일 10만 원씩을 번다는 것은 정말 큰돈이었다.

나는 그해 8월 17일에 오토바이 면허증을 땄다.

그 이듬해인 1983년 12월 12일에는 한남동 운전면허시험장에서 1종 자동차운전면허증도 땄다.

그리고 1982년에는 1톤 트럭을 샀다.

그 다음해인 1983년에는 아내 주춘리와 아내의 막내동생도 운전면허증을 따서 1톤 트럭을 같이 끌고 다녔다.

먹고 쓰고 조흥은행에 한 달에 300만원씩 저축을 했다. 그리고 명동투자신탁은행에 1,000만원을 넣어서 매달 10만원의 이자를 받았다.

1985년 9월 5일에는 중구 중림동 492번지에 대지 18평4홉짜리 집을 7,100만원에 구입했다.

졸음운전으로 죽을 뻔하다

1983년 여름, 7,8월쯤의 일이다. 현재 서울 삼선교에 살고 있는 김성태 친구와 현재 성북동에서 요정(料庭) 식당을 크게 하고 있는 친구가 있는데 식당 이름은 이향. 그 친구와 3명이서 경기도 포천시 이동면 노곡리 승진마을 앞개울에 가서 물고기를 잡아다 매운탕을 끓여먹었다.

그리고 밤새도록 고스톱을 치며 술을 마셨다. 오복동이란 친구와 나, 그리고 서울친구 3명 등 5명이 이동면 연곡4리 제비울의 불당골에 큰처남 주병완이 심은 배추가 값이 싸서 버린다고 하기에 장모님을 모시고 김인열과 함께 배추작업을 갔다.

그리고 1톤 트럭으로 가득하게 배추를 실었다. 그리고 오후

4,5시 쯤 배추를 싣고 일동면의 시장 쪽으로 가다가 싸리고개로 올라가고 있었다.

그때 조수석에 타고 있던 장모님께서 "왜 이렇게 가는 거야!" 하고 내 무릎을 탁 치셨다. 운전하며 액셀러레이터를 꾹 밟고 시속 5,60km로 가다가 내가 그만 잠이 들었던 것이다.

깜짝 놀라 눈을 떠보니 내 차가 인도로 돌진하고 있었다. 급브레이크를 밟았다. 차 앞 인도 위에는 70대 노인이 가고 있었다.

그때 나는 얼마나 놀랐는지 모른다. 그 다음에는 한참동안 운전을 할 수 없었다. 일동 시내를 지나 육군 제3야전병원 조금 못 미쳐서 오른쪽 골목길로 들어가서 차를 세워놓고 한 2시간 자다가 밤 9시에 다시 운전을 해서 서울로 갔다.

하늘이 도왔기에 망정이지 행인 할아버지가 인도로 가는 것을 그 자리에서 즉사시킬 뻔 했다.

막내처남의 버스운전면허증

나는 1톤 차를 몰고 쌀 배달을 한다. 포천 일동의 명심방앗간에다 많이 팔았다. 일동면 사직리에 있는 조치미방앗간, 사당말방앗간과 만세교방앗간에서도 팔았다.

서울의 도매상에서 가져다 팔면 가마당 5,000원이 비싸서 나는 멀리 충남 홍성까지 내려가 쌀을 30가마씩 판다. 날마다 먼 곳으로 가서 쌀을 사오는 일은 안 되겠다 싶었다.

1983년 당시 막내처남 주병호는 19살이었다. 내 쌀가게로 와서 1년 쌀 배달을 했다. 그런 막내처남이 운전을 배우겠다고 해서 내가 서부신진자동차 학원에 입학을 시켜서 1종 대형 면허를 취득했다.

그렇게 해서 막내처남 주병호는 135번 서울시내버스를 몬다. 서울역을 돌아 원효로를 경유하여 문화촌 차고지로 가는 버스다. 그래서 쌀 배달은 이제 나 혼자의 차지가 되었다. 힘이 들지만 서울시내버스를 몰고 제 밥벌이를 하는 막내처남이 대견하다.

1988년 2월 28일에 아내 주춘리가 아들 덕환이를 출산했다.

우여곡절 끝에 신안상회가 재개발되다

1990년도 일이다. 마포로 12-2지구가 재개발에 들어갔다. 그에 따라 중림동 509번지에 있던 신안상회도 재개발지구 안에 들었다. 중림동 500번지 일대가 모두 재개발지구에 든 것이다. 지하철 2호선 충정로역 4번 출구에서 3,400미터 거리에 있는 대지 998평의 지주 120명의 땅이 재개발된다는 것이다.

건설은 유원건설에서 맡아 짓기로 했다. 지하 7층 지상 15층의 대단위 건물을 짓기로 한 것이다. 그런데 환경영향평가 등 뭐니뭐니 하며 애쓰다가 그만 유원건설 사장이 59세에 죽고 말았다. 그래서 건물을 짓기 시작한지 3년이나 되었는데 유원건설에서 일을 못한다고 나앉고 말았다.

유원건설에서는 대우건설로 모든 것을 이첩해준다고 했고 사람들은 순순히 응했다. 그렇지만 나는 뜻이 달랐다. 계약과 다르고 3년이란 시간을 보냈으니 손해를 배상하라고 했던 것이다. 그렇지만 나와 뜻을 같이하는 사람이 3명밖에 되지 않았다. 그래서 하는 수 없이 대우건설에 계약 그대로 이첩을 했다.

지하 7층의 땅파기 공사만 3년이 걸렸으니 나는 장사도 못하고 손해가 이만저만이 아니었던 것이다.

그러다가 1996년 IMF, 국제통화기구의 구제금융지원을 받아야하는 위기를 맞아 1년 반 동안 공사를 하지 못했던 것이다. 매월 200만원씩 대우건설에 조합비를 송금해야 했다. 그래서 주민들은 아파트를 짓자고 했다. 그렇지만 서울시에서는 귀빈도로라 전용 아파트는 안 된다고 하였다. 10층 위서부터 6개의 층만 아파트를 허용하고 9층까지는 상업용으로 허용한다는 것이었다. 주민들은 상업시설이 포함된 아파트가 아니라 순수 아파트만을 원했다.

그래서 주민들은 '그것은 절대로 수용할 수 없다.'며 밀고 당기고를 반복하였다. 주일마다 이사회 감사회가 열렸다. 한 달에 한 번 주지회가 열리고 6개월에 한 번씩 총회를 열었다. 그리고

'그럼 복합건물로 짓자. 10층 위에다 6층을 아파트로 짓자'며 합의하고 설계 변경을 해 서울시로부터 승인을 맡았다.

그러다 1999년이 되어서야 일이 끝났다.

주민들은 '복합건물이 안 된다'며 주일마다 이사회를 열어 밀고 당기고 하였고 다시 오피스텔로 결정, 설계 변경을 세 번이나 했던 것이다. 한 번 설계 변경을 하려면 많은 돈이 들고 시간도 6,7개월이 걸렸다. 정말 파란만장한 세월이었다.

재개발조합이사장에 염동규, 이사에 김순옥, 김 1976년 10월

1일 재철, 김삼수, 감사에 김기성, 소병철, 총무에 임동초, 간사에 송평근이 맡았다. 재개발지구 내에 땅 지분이 있는 사람에 한하여 직책을 맡을 수 있었던 것이다.

14년에 걸쳐 재개발이 되는 동안 지주 7,8명이 사망했다. 지하공사를 하다 인부 1명이 사망했다.

그리고 드디어 2004년 1월에 외부수리와 내부수리를 마치고 완공되었다. 정말 멋진 건물이었고 잘 된 재개발이었다.

큰 도로에서 10m까지는 450%, 뒤편은 모두 280%의 비용을 받아야 했지만 지주들은 한 푼 내지 않고 건축했다. 나는 지하상가 53평과 4층 42호 32평을 분양받았다. 지하철 2호선 충정로역 4번 출구로 나가면 바로 대지 면적 400평의 15층 건물 디오센터란 빌딩이 나오는데 바로 그 건물이 내 지하상가와 사무실의 지분이 들어있는 건물이다.

지금 생각해도 내가 자랑스럽다.

졸음운전

2010년 11월 6일 밤새도록 고스톱을 쳤다. 한 잠 못 자고 2010년 11월 7일 오후 5시 55분 쯤 을지로입구에서 세운상가 쪽으로 500m지점에서 반대쪽 방향 교통정체로 서 있는 버스(1638번)와 내 1톤 트럭이 정면 추돌했다.

깜빡 1분 동안 잠이 들어서 버스 운전사의 좌석 쪽을 박았던 것이다. 깜짝 놀라 깨어보니 천지개벽하는 소리가 들렸다.

나는 죽었구나 싶었다.

그러자 얼마 있다가 119구급대원들이 와서 차 문을 여는데 우측 좌측 문이 모두 우그러져 붙어서 안 열렸다. 그래서 절단기 커터로 문짝을 모두 잘라내고 한 3,40분 만에 나를 꺼내냈다.

나를 꺼내주었는데, 나는 정신이 하나도 없었다. 그리고 왼쪽 무릎이 아파서 다리를 못 써 걷지 못하게 되었다. 게다가 운전대가 잔등 뒤에 꼭 붙어서 가슴이 너무나 아팠다.

▲ 사고로 형체를 알아볼 수 없게 째그러진 김기성 소유의 1톤트럭 1638번

갈빗뼈가 4대가 부러지며 말을 할 수도 숨을 쉴 수도 없었다.

다행히 정차해있는 버스를 박아서 운이 좋아서 산 것이지 달리는 버스였다면 나는 아마 그 자리에서 죽었을 것이다.

처남이 아프다

2020년 11월 7일 처남 집에 가보니 처남은 많이 아파서 일을 못하고 있었다. 내가 빨리 큰 병원에 가서 치료를 해야 한다고 말해도 안 간다. 처남은 큰 병원에 가면 다리를 자르라고 하는 소리가 듣기 싫기 때문에 안 가는 것이다. 처남은 막다른 골목에 처해있다. 우선 일도 못하고 먹지도 못하고 한다. 내가 가끔 가보지만 정말 안타깝다. 처남댁 말이 며칠째 밥도 못 먹고 물도 못 먹는다고 했다. 축 늘어져서 사람도 몰라보았다.

그래서 내가 처남댁한테 내일모래 월요일 날 내가 오겠다고 하고 11월 9일에 갔다. 가서 보았더니 금방 죽을 것 같았다. 그래서 나는 처남댁에게 "빨리 보따리를 싸고 119를 부릅시다."

라고 말했다. 그래서 보따리를 다 싸놓고 119 앰뷸런스를 불렀다. 그랬는데 내 맘에는 큰 병원에만 가면 될 줄 알고 맘먹었는데 코로나19 바이러스 때문인지 119 차가 사람 두 명을 태우고 왔다. 그리고 대원 한 사람이 처남의 열을 측정해보더니 열이 많아서 아무 병원이나 갈 수 없다고 하면서 일단 환자를 차에 실어놓고 가면서 병원을 알아본다고 했다.

내가 그 차에 타고 가야 하는데 119 대원이 하는 말이 보호자 한 사람 밖에 타지 못한다고 했다. 그래서 처남과 처남댁만 타고 떠났다.

나는 의정부역으로 가는 버스를 타고 가면서 처남댁이랑 계속 전화로 대화하면서 갔다.

그 119 대원이 계속 병원마다 문의를 하는데 열이 많아 코로나19 때문에 입원이 안 된다는 것이었다. 받아주는 병원이 없는 것이다. 나중에 고양시의 명지병원에서 받아준다고 해서 그곳으로 갔다.

나는 버스를 타고 의정부역에서 1호선 전철을 타고, 또 3호선으로 갈아타고 화정역에서 내려 또 버스로 갈아타고 해서 명지병원에 도착하니 저녁 7시나 되었다.

가보니 처남은 응급실에 있었다. 처남의 말에 의하면 의사가 빨리 다리를 절단해야 한다고 했단다. 조금 있으려니 아들 주성노(39살)이가 왔다. 나는 갈 데도 없고 잘 데도 없고 해서 저녁 8시쯤인가 해서 버스 타고 집으로 왔다.

그리고 그 다음날 11월 10일 새벽같이 일어나 또 병원을 갔다. 코로나 때문에 맘대로 병원에 못 들어가게 했다. 처남댁이랑 통화를 해서 들어가는데 한 사람밖에 면회가 안 된다고 했다. 그래서 처남댁이랑 교체하여 들어가 보니까 오늘 새벽 두 시에 다리를 절단했다고 했다. 그런데 처남 주병완은 아직 그 사실을 모르고 있었다.

그날 나는 집으로 왔고, 한 10일 넘게 처남댁이랑 교대를 하며 간호를 했다. 병원에서 잔다는 것은 고역이었다. 4인실 병동에 환자들이 떠들고 소리를 질러 잠을 잘 수가 없었다. 첫날은 한잠도 못 자고 꼬박 날밤을 샜다. 처남이 화장실에 가는 것도 문제였다. 링거 줄, 소변 줄 등 3,4개의 줄을 매달고 화장실을 갈라치면 너무 힘든 일이었다.

게다가 처남이 매일 집에 가자고 해서 그것도 힘든 일이었다. 의사는 안 된다고 하는데 처남은 매일 눈만 뜨면 집에 가자고 한다.

처남의 고집에 하는 수 없이 2020년 12월 1일 퇴원을 했다. 다리를 절단한지 22일만이다. 병원이 멀어서 자주 못 가고 집에서 매일 치료를 한다. 생각보다 잘 나아서 곧잘 다닌다고 했다. 그만하길 다행이다. 내 친형제 같은 처남이 아프니 내 가슴이 아프다.

희수의 나이에 뒤돌아보며

나는 정말 어렵고 힘들게 인생을 살았다. 북한 땅에서 태어나 맨발로 피란을 나왔고, 동냥을 다니며 거지생활을 했고, 화전민으로 살았으며, 남의집살이를 십여 년 간 했다. 그리고 내 가게도 가져 봤고 돈을 벌어 집도 몇 채 사보았다.

손가락 둘이 없이 자란 나. 게다가 작은 체격으로 자라고, 초등학교도 가보지 못한, 아무것도 배우지 못한 무학의 내가 자서전을 낸다. 그렇지만 나는 정말 열심히 살았노라고 말하고 싶었다. 다들 인생이 힘들다고 포기하며 자살을 하거나 술독에 빠져 살자만 나는 그렇게 하고 싶지 않았다.

비록 손가락이 두 개 없다고 하더라도, 작은 체격이라 하더라도 주어진 여건을 헤쳐 나가면 좋은 일이 생기고 기쁨이 온다는 것을 말하고 싶었다. 나는 스스로 한글을 깨쳤고 조금이나마 한문을 배어 어느 정도는 읽을 수 있으며, 작은 단위의 계산을 하는데 튼 어려움이 없다.

지금은 내 곁에 식구들이 없고 혼자 살고 있다. 모두 내 탓이려니 한다. 억지 같지만 나는 가족이 함께 모여 살고 싶다. 그러나 그렇지 못하더라도 비관하지 않는다. 나는 더 심한 고생과 난관을 극복한 사람이기 때문이다.

나는 여전히 아내 주춘리를 사랑한다. 그리고 함께 일해준 막내처남 주병호에게도 고맙다는 말을 전한다. 그리고 아들 김진태를 사랑한다. 딸 김민연을 사랑한다. 그리고 막내아들 김덕환을 사랑한다. 세 사람은 내가 살아온 이유고, 힘이었다. 이 자리를 빌어 아내 주춘리에게 나와 함께 힘든 인생을 건너와 줘서 고맙다는 말을 전한다.

〈부록〉
김기성 선생 연보

김기성 선생 연보

〈죽다 살아난 연보〉

6살. 1951년 4월. 6.25전쟁 중에 강원도 철원군 근남면 잠곡리 132번에서 오른손에 폭발물을 쥐고 있다가 터져서 죽을 뻔하다.

6살. 1951년 7월 5일 피란 중에 경기도 가평군 현리에서 돌다리를 건너다 장마에 휩쓸려 떠내려가다 죽을 뻔하다.

22살. 1968년 5월. 서울 제1한강대교를 자전거를 타고 가다 넘어져 자동차 사고로 죽을 뻔하다.

29살. 1974년 6월 7일. 연탄가스에 중독돼 서울 서대문에 있는 적십자병원에서 3일 만에 깨어나다.

35세. 1980년 4월. 오토바이를 타고 가다가 서울역광장에서 버스 사고로 죽을 뻔하다.

35세. 1980년 6월. 서울 대연각호텔 앞 회현동 사거리에서 오토바이를 타고 가다가 영업용택시와 교통사고로 죽을 뻔하다.

65살. 2010년 11월 7일 오후 5시 55분. 1톤 포토트럭을 끌고 가다가 졸음운전으로 버스와 정면충돌하여 죽을 뻔하다.

〈주민등록 연보〉

5살까지. 고향인 강원도 철원군 근남면 잠곡리 132번지에서 살다.

12살까지. 경기도 가평군 북면 적목리 335번지 논남동 위 도성고개에서 살다.

29살까지. 서울특별시 중구 남창동 남대문시장 남산상회 직원으로 쌀배달을 하며 살다.

30살까지. 서울특별시 중구 중림동 410번지에서 쌀장사를 시작하다.

36살까지. 서울특별시 중구 중림동 509번지에서 신안쌀상회를 시작하다.

45살까지. 서울특별시 중구 중림동 492번지에서 신안살쌍회

를 하다.

76살까지. 경기도 포천시 이동면 장암6리 47-14번지에서 살

고 있다.

金基星 自敍傳

초판발행일 2022년 04월 15일

지은이 : 김기성
발행인 : 김순진
편집장 : 전하라
디자인 : 김초롱
펴낸곳 : 도서출판 문학공원
등 록 : 2004년 3월 9일 제6-706호
주 소 : (우편번호 03382) 서울 은평구 통일로 633
녹번오피스텔 501호 스토리문학사
전 화 : 02-2234-1666
팩 스 : 02-2236-1666
홈페이지 : http://www.munhakpark.com
이메일 : 4615562@hanmail.net